C 08	Ut 01	Ut 02	Ut 08	Ut 19
Ut 16	Ut 20	Ut 17	Ut 18	

口絵 3　Ut₁ + C₂ クラスターに含まれる 9 作品

Ut 03	Ut 05	Ut 04	Ut 14	Ut 06
Ut 13	Ut 07	Ut 21	Ut 10	Ut 11
Ut 15	Ut 09	Ut 23	Ut 12	Ut 22

口絵 4　Ut₂ クラスターに含まれる 15 作品

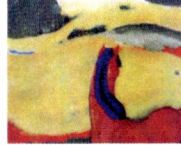

Ma01

口絵 5　Ma₂ クラスターの作品

Ma02 　　Ma08

口絵 6　Ma₃ クラスターに含まれる 2 作品

刊行のことば

　データ解析というとデータハンドリングを思い浮かべる人が多い．つまり，それはデータを操って何かを取り出す単なる職人的な仕事という意味を含んでいる．データ科学もその一種だろうと思う人もいる．確かに，通常のデータ解析の本やデータマイニングの本をみると正にデータハンドリングにすぎないものが多い．

　しかし，ここでいう「データの科学」（または「データ科学」）はそうではない．データによって現象を理解することを狙うものである．データの科学はデータという道具を使って現象を解明する方法論・方法・理論を講究する学問である．単なる数式やモデルづくり，コンピュータソフトではない．データをどうとり，どう分析して，知見を得つつ現象を解明するかということに関与するすべてのものを含んでいるのである．科学とデータの関係が永遠であるように，データの科学は陳腐化することのない，常に発展し続ける学問である．

　データの科学はこのように絶えず発展しているので，これを本としてまとめ上げるのは難しい．どこか不満足は残るがやむをえない．本シリーズの執筆者はデータの科学を日々体験している研究者である．こうしたなかから，何が今日の読者に対して必要か，それぞれの業務や研究に示唆を与え得るかという観点からまとめ上げたものである．具体例が多いのは体験し自信のあるもののみを述べたものだからである．右から左へその方法を同じ現象にあてはめ得る実用書のようなものを期待されたら，そのことがすでにデータの科学に反しているのである．「いま自分はどう考えて仕事を進めたらよいか」という課題は，いわば闇の中でその出口を探そうとするようなもので，本シリーズの書は，そのときの手に持った照明燈のようなものであると思っていただきたい．体験し，実行し，出口を見いだし，成果を上げるのは読者自身なのである．

シリーズ監修者
林　　知己夫

まえがき

　情報技術の進歩は，学問の研究方法にも影響を与えつつある．複雑な現象をコンピューターを用いて科学的に扱う試みが，種々の領域でなされている．このような動きの中で，データの計量分析によって複雑な現象を総合的に理解しようとする「データの科学」も，自然科学，社会科学の領域で重要性を増してきた．

　しかし，精神的知的活動の表現としての文化現象に関する研究においては，なんといっても直感的，主観的，哲学的な研究方法がその中心であり，現象を計量的に分析し数字で語る必要性への認識が薄かったように思われる．そのため，データの計量分析に基づく研究方法は，人文学の領域の研究者にとってはなかなかなじみがたいものであった．

　本書の狙いは，文化に関する複雑な現象をデータの計量分析という視点で切り開くことにより，文化に関する新たな知見が得られることを示し，「データの科学」が文化研究のための強力な研究手段となることを実証することにある．

　文化研究が対象とする領域は多岐に渡るが，本書では著者の研究を中心に「文を計る」，「美を計る」，「古代を計る」の3つの章立てのもと，8つの文化に関する統計分析の研究を紹介する．

　このなかで，5.3節の「色彩美を計る」は電気通信大学電気通信学部の小林光夫教授の研究であり，6.4節の「『古事記』，『日本書紀』にみる古代の天皇の姿」は産能大学経営学部の安本美典教授の研究である．本書への収録を快諾してくださり，また資料の送付などの御協力を頂いた．両先生には心よりお礼を申しあげる次第である．

　これ以外の研究も，多くの研究者の方々の協力によって成しえたものである．特に4章「文を計る」で紹介した研究に関しては，九州大学大学院人文科学研究院の今西祐一郎教授，立正大学仏教学部の伊藤瑞叡教授，大阪府立大学

の樺島忠夫名誉教授，札幌学院大学社会情報学部の金 明哲教授，聖徳大学人文学部の古瀬順一教授，5章「美を計る」で紹介した研究に関しては，国際日本文化研究センターの埴原和郎名誉教授，山田奨治助教授，早川聞多助教授，6章「古代を計る」で紹介した研究に関しては，帝塚山大学の堅田 直名誉教授，同大学人文科学部の森 郁夫教授，共立女子短期大学の植木 武教授の御協力を賜った．この他にも，多くの方々に御協力をいただいた．すべての方々に心より感謝を申しあげる次第である．

　文化現象に関する計量分析を始めたのは四半世紀前である．浅学非才のため，ときに右往左往し，ときに立止まりと，研究の進行は遅々たるものであったが，この駑馬の歩みを温かく見守ってくださり，折に触れ貴重な助言をくださったのが，元統計数理研究所長の林 知己夫先生であった．そして本書の執筆を薦めてくださり，草稿に目を通され，「文化を計る」というタイトルをつけてくださったのも林先生であった．本書を刊行できたのは，ひとえに先生のお陰である．

　その林先生が平成14年8月6日逝去された．先生は研究者としては千里の馬であり，人格の面でも稀有の人であった．そのような先生に多少なりとも教えを受けることができたことを深く感謝しつつ，本書を林知己夫先生の墓前に捧げる次第である．

　　2002年11月

　　　　　　　　　　　　　　　　　　　　　　　　　　　村　上　征　勝

目　　次

1. **文 化 を 計 る** ……………………………………………………1
   1.1　は じ め に ……………………………………………………1
   1.2　計量的文化研究とは ……………………………………………2
   1.3　来し方, 行く末 …………………………………………………4
   　　　コラム1　イスタンブールの鎖と文化連鎖分析法 …………………8

2. **現象理解のためのデータ** ………………………………………9
   2.1　計量的文化研究とデータ ………………………………………9
   2.2　データの生成 ……………………………………………………11
   2.3　測定項目（変数）の選択 ………………………………………12
   2.4　データの性格 ……………………………………………………13
   2.5　データベースの構築と管理 ……………………………………15
   2.6　データ分析に向けて ……………………………………………16
   　　　コラム2　ローマ字表記の日本語文献データベース ……………18

3. **現象理解のためのデータ分析法** ………………………………19
   3.1　データの数量的特徴 ……………………………………………19
   　　3.1.1　データと分析結果の視覚化 ………………………………19
   　　3.1.2　データの代表値 —比率と平均値— ………………………21
   　　3.1.3　データのバラツキの数値化 —分散と標準偏差— …………23
   　　3.1.4　二つの変数の関連の強さの数値化 —相関係数— …………24
   3.2　現象理解のための計量的手法 …………………………………25
   　　3.2.1　区 間 推 定 …………………………………………………25
   　　3.2.2　直線回帰分析 ………………………………………………27
   　　3.2.3　主成分分析 …………………………………………………30

3.2.4 数量化理論Ⅲ類 …… 35
3.2.5 クラスター分析 …… 39
コラム3 『源氏物語』54巻の顔 …… 44

4. 文を計る …… 46
4.1 計量文献学 …… 46
4.1.1 文献研究の新たなパラダイム …… 46
4.1.2 計量的文献研究小史 …… 47
4.2 現代文の計量分析 …… 50
4.2.1 文は人なり …… 50
4.2.2 読点の付け方にみる書き手の特徴 …… 51
4.2.3 川端康成の小説における読点の付け方の変化 …… 56
4.3 『源氏物語』の計量分析 …… 59
4.3.1 『源氏物語』の研究課題 …… 59
4.3.2 54巻のグループ化 …… 60
4.3.3 数値でみる『源氏物語』の全体像 …… 63
4.3.4 「宇治十帖」他作家説の検討 …… 64
4.3.5 54巻の成立順序の推定 …… 68
4.4 日蓮遺文の真贋問題 …… 75
4.4.1 問題の所在 …… 75
4.4.2 日蓮の文体の特徴 …… 76
4.4.3 単語情報の分析 …… 78
4.4.4 文の構造情報の分析 …… 80
4.4.5 5編の文献の真贋について …… 83
コラム4 ノーベル文学賞作品『静かなドン』は盗作か？ …… 84

5. 美を計る …… 85
5.1 美術と文化 …… 85
5.2 形態美を計る ―浮世絵の分析― …… 86
5.2.1 江戸庶民の文化としての浮世絵 …… 86
5.2.2 美人の顔の計測 …… 87

5.2.3　美人の顔の変遷 …………………………………92
　5.3　色彩美を計る …………………………………………97
　　5.3.1　色と文化 …………………………………………97
　　5.3.2　色分布に基づくカラヴァッジォ，ユトリロ，マルク
　　　　　の絵の分類 ……………………………………………98
　　　コラム5　人間とコンピュータのパターン認識 …………103

6.　古代を計る …………………………………………………104
　6.1　考古学データの机上発掘 ……………………………104
　6.2　古代寺院の金堂の建立年代に関する計量分析 ……106
　　6.2.1　建立年代の推定問題 ……………………………106
　　6.2.2　金堂の平面形状の主成分分析 …………………107
　　6.2.3　金堂の建立時期と平面形状 ……………………108
　　6.2.4　区間推定法による建立年代の推定 ……………111
　　6.2.5　計量分析における問題点 ………………………117
　　6.2.6　発掘データによる裏付け ………………………117
　6.3　青銅器の原料の産地 …………………………………118
　　6.3.1　青銅器中の鉛の同位体比 ………………………118
　　6.3.2　荒神谷遺跡出土の銅剣の原料の産地を探る …119
　　6.3.3　三角縁神獣鏡の原料の産地を探る ……………121
　　6.3.4　主成分分析による鉛の同位体比分析の限界 …124
　6.4　『古事記』，『日本書紀』にみる古代の天皇の姿 ……126
　　6.4.1　考古学，歴史学研究における文献資料分析の意義 …126
　　6.4.2　古代の天皇の活躍時期 …………………………126
　　6.4.3　古代天皇長寿説と暦 ……………………………128
　　　コラム6　邪馬台国を探る方法 ………………………133

参　考　文　献 …………………………………………………134
索　　　　　引 …………………………………………………138

1

文 化 を 計 る

1.1 は じ め に

「文化論」が盛んである．ヨーロッパ文化，中国文化，日本文化といった地理的区分による文化論，平安文化，室町文化，江戸文化といった時間的区分による文化論，さらには貴族の文化・民衆の文化，都市の文化・地方の文化等々，諸々の切り口で文化が論ぜられている．

しかし，そもそも「文化」とは何であろうか．ある程度の共通の認識はあるにせよ，いろいろな定義がなされている．このことからすると，どうやら「文化」は一語で明確に定義できるものではなさそうである．

林 知己夫氏は，

「文化とは表面的には日常生活の様式や行動の様式，著作物，芸術作品などの精神的活動の表現，道具，機械，建築物などの技術的，科学的な製作物などとして伝えられてきてはいるが，本質はその国，その時代の人々の心の在り様の集大成．」

としている．そして主として意識調査を通じて，人々の心の在り様を，すなわち文化を，解明することを試みている．

林 知己夫氏によるこの意識調査を通じてのアプローチは，データを用いない非計量的で抽象的なこれまでの研究法に代わる，データ（主として意識調査から得られたデータ）を中心とした，客観的で計量的な新たな文化の研究法の提唱である．

本書はこのアプローチを踏襲する．ただ，現在の人々の心の在り様は意識調査によって探ることができても，過去の時代の人々の心の在り様については，

日常生活の様式や精神的な表現，技術的な製作物といった表面的な文化的活動の遺産の分析を通じてしか探る方法はない．

そのため，主として過去の文化の計量的研究を扱う本書では，意識調査を中心とした現代文化の計量は他書（林，2000；吉野，2001 など）にゆずり，著作物，芸術作品などの精神的活動の表現や，道具，機械，建築物などの技術的製作物として伝えられてきている物の分析を通じて，過去の文化の計量について考えることとする．

文化研究の「新しい道」の探究と考えていただきたい．

1.2　計量的文化研究とは

文化が人間の精神的知的活動の現れであり，その本質が人々の心の在り様の集大成ならば，文化の研究というのは，ある地域，ある時代の人々の心の在り様の研究ということになる．しかし心の在り様といっても，それは複雑，かつ曖昧模糊としており，一見とらえどころのないものである．このような複雑で曖昧模糊とした心の在り様を，データに基づく計量的手法で科学的，総合的に理解しようとするのが計量的文化研究である．

ただし，計量的文化研究は，心の在り様を，科学的手法によって明瞭に浮かび上がらせることを目標としているのではない．心の在り様を科学的手法で明瞭に浮かび上がらせることは不可能である．なぜなら，一般に科学は測定可能でかつ再現性のあるものを対象とするが，心の在り様は必ずしも測定できるというわけではなく，また，再現性があるというわけでもない．また，科学の領域で，よく使われる理論モデルを用いての現象の精密化，抽象化は，比較的単純な現象の分析には効力を発揮しても，人間の心の在り様という複雑な現象に対しては無力である．

したがって，複雑な現象は複雑な現象として，曖昧模糊とした現象は曖昧模糊とした現象として扱いながら，「中らずといえども遠からず」，つまり適中しないまでも大きく異ならないところを狙うような分析が重要となる．

そのため，計量的文化研究では，精神的知的活動のなかで計量できるところは物差しを用いて計量し，データを作り，そのデータを一定の方法で分析する．もし，物差しが適切でなければそれを改良し，分析方法が適切でなければ新たな方法を考える．このようにして，試行錯誤的に個々の精神的知的活動に

関する解明を試みながら，それらの知的活動の間の関係を探り，それらを結び合わせることで総合的に心の在り様の理解を深めることを試みる．

換言するならば，計量的文化研究の目的は，これまではどちらかというと直感的，主観的，哲学的であった文化研究に，データをもとにした，論理的，客観的，合理的な計量的手法を導入し，そのうえで種々の文化現象を分析し，それぞれの現象の理解を深めると同時に，それらの現象間の関係を統合することによって，目には見えない人間の心の在り様の総体を把握することにある（図1.1）．

そのためにまずデータと分析方法を明確にする．こうすることで，視点の異なる考えを議論するための共通の土俵を作ることができる．その結果，これまで個々の研究者の拠って立つ土俵が異なるため議論がかみ合わず，単に見解の相違ということで終わっていた研究を融合することができ，文化現象を総合的に把握することが可能となる．

つまり，計量的な文化研究は，客観的なデータと明確な分析手法による文化現象の解明であるといえる．したがって研究の土台には常にデータがなければならない．

近年，人文学の領域でもデータの重要性は認識されつつあり，文学作品のデータベース，絵画のデータベース，発掘資料のデータベースなど，種々のデー

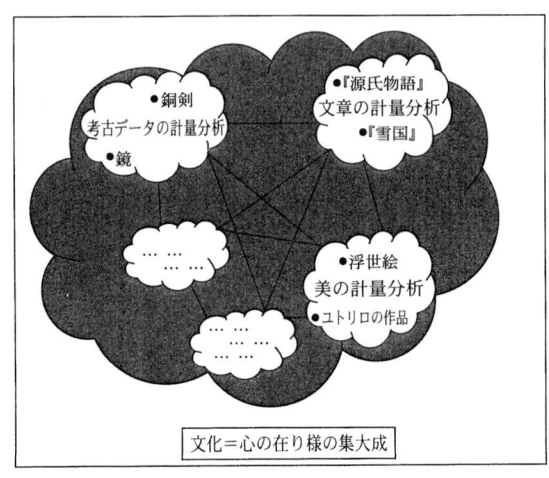

図 1.1　計量的文化研究

タベースが構築されている．しかし，残念なことにデータベースを用いた計量的研究は少ない．データベース構築の目的は，単に大量の情報の記録や，情報の検索などの従来の作業のスピード化にばかりあるのではない．それを用いることで新しい知見を得，人間の知識や知恵を増加させることの方がより重要である．

データに基づく計量分析によって，心の在り様に関しどのような知見が獲得できるかが計量的文化研究発展の重要な鍵となる．

1.3 来し方，行く末

データに基づく計量的な文化研究の歴史は浅い．それは，これまで人文学の領域の多くの研究者が，どちらかというと感性的な学問という色彩の濃い文化研究を数字で語る必要性を感じていなかったことに加え，本格的な文化の計量分析には，多変量データの分析法や数量化理論（林，1993）をはじめとする質的データの分析法，さらにはコンピュータ，文字認識装置，図形認識装置などのデータ分析機器が不可欠であったからである．

1945年に誕生したコンピュータ（フォンノイマン型プログラム内蔵）は，計算する道具から情報を処理する道具へ，そして思考を支援する道具（知的活動の道具）へと，その使用範囲を広げていった．それに伴い，意識調査に基づく心の在り様の解明を始めとして，考古学的遺物や遺跡，文学，哲学，宗教学などの諸分野の著作物や，絵画などの芸術作品などに対する多変量解析や数量化理論などによる分析も始まり，文化活動の計量分析が次第に試みられるようになってきた．

たとえば，現代文化の研究に関しては，まず，統計数理研究所の「国民性調査」と，「意識の国際比較調査」をあげなければならない．

統計数理研究所では，社会調査を通じて日本人のものの考え方や意識を調べるべく1953年に第1回の国民性調査を実施した．この調査の目的は，社会調査法の研究・開発に加え，それまでの非計量的な種々の日本人論に対する批判的観点からのデータに基づく新たな日本人論の確立にもあった．

調査はこれ以来5年おきに実施され，1998年の調査で第10回を数えるにいたっている．この全国調査から得られた，日本人のものの考え方や意識の変化に関する多くの知見は，日本人および日本文化の研究に大きく貢献している

（統計数理研究所国民性調査委員会，2000）．

さらに，この調査と関連して，1971年から開始された意識の国際比較調査も，アメリカ合衆国，イギリス，オランダ，ドイツ，フランス，ブラジル，イタリアといった国々で実施されている．これらの国際比較調査のなかから，文化連鎖分析法（cultual link analysis）が開発され，計量分析に基づく文化の国際比較という面で，文化研究に新たな領域を拓いている（統計数理研究所国民性国際調査委員会，1998）．

一方，過去の文化の研究にも，データに基づく計量分析の導入が徐々にではあるが試みられてきている．過去の文化の研究には，技術的な文化遺産である遺物，遺構，遺跡などの文化財の研究が不可欠であるが，これらの文化財に関しても計量分析が試みられてきた．

たとえば，1988年から8年間にわたり帝塚山考古学研究所で開催されたシンポジウム「考古学におけるパーソナルコンピュータ利用の現状」と，1991年から5年間にわたり統計数理研究所で開催されたシンポジウム「考古学における計量分析」の二つが合同し，1996年に日本情報考古学会が設立された．この新しい学会では，考古学，統計学，情報学の専門家が，考古データの計量分析を中心に，共同で文化研究の新たな領域の開拓を試みている．

また，精神的活動の遺産である文学作品，哲学書，宗教書，歴史書などの著作物の計量分析も進められている．たとえば，1989年から1998年まで統計数理研究所において開催された「文献情報のデータベースとその利用に関する研究会」では，古典を中心とした著作物のデータベースの構築法とその計量分析に関する数多くの研究が発表された．

さらに，宗教家日蓮（1222-1282）の仏教思想を研究するうえで重要な著作『三大祕法稟承事』の真贋判定に関する研究（村上・伊藤，1991；伊藤・村上，1992）や，日本古典文学の最高峰である『源氏物語』の著者および成立にかかわる諸問題を計量分析によって解決しようとする研究も行われている（上田・村上・藤田1998；村上・今西，1999）．

1995年から4年間実施された文部省科学研究費の重点領域研究「人文科学とコンピュータ」では，データベース，テキスト処理，イメージ処理，数量的分析の四つの計画研究班を中心に，基礎研究から応用研究まで，文化の計量に関する数多くの意欲的な研究が行われ，多大な成果をあげた（及川・斉藤・

洪，1998；小沢，1998；安永，1998；八村，1998；村上・金，1998).

1999年からは科学研究費の特定研究として「古典学の再構築」が開始されたが，このなかにも情報処理の研究班が設けられ，
・古典文献の計量分析
・日本古典文学本文データベース（実験版）の試験公開
・古典テキストのデジタル化とデータベース構築・利用支援システムの開発
・古典文献データベースの表記体系確立
・平安時代物語文の比較計量的研究
・インド古典天文学書の研究と伝統暦プログラムの改良
・古典学のための多言語文書処理システムの開発
など，古典に関するデータベース構築や計量的研究が進められている．

絵画に関しても，計量分析が試みられている．浮世絵の美人画に関する計量的研究（山田他，1998；村上他，2001；山田・村上他，2002）や，色彩美の計量的研究（小林，2000）などがそうである．

このように，考古データ，文章，絵画と，文化活動に関する計量的研究は徐々にではあるがその領域を広げてきた．しかし，人間の心の在り様という複雑な現象の理解を深めるには，さらに多くの文化活動に関する計量分析が必要である．そして，それらを成功させるためには学際的共同研究体制をより充実させることが望まれる．文化活動に関するより本質的な情報をくみ出すには，データ分析を通して得られる科学的観点からの知見・知識と，人文学の領域固有の研究方法と深い洞察から得られる知見・知識を融合させる必要があるからである．

どちらかというと，これまでの学問研究は，精密化，厳密化の追求により，研究領域がしだいに細分化され，その細分化された領域のなかでさらに精密な現象解明を試みる，という方向に進んできたように思われる．それはそれで一つの研究方向ではあるが，文化活動の解明を通じて，心の在り様という複雑な現象を理解しようとするような場合には，これまでの細分化へと進んだ研究方向と異なり，種々の研究領域の知識を統合し総合化するという方向にも進む必要がある．

このようなことを考えると，どうしても計量的文化研究は学際的共同研究にならざるをえない．ただ，学際的共同研究は単に異なる研究領域の研究者が集

まって知識を提供しあえばそれでよいという単純なものではない．どのようにすれば，文化に関する学際的共同研究から新たな方法論が生まれ，新たな知慧が取得できるのかが最も重要な問題であり，この解を求めて，当面の間はなお試行錯誤が続くと思われる．

　計量的文化研究という新しい研究領域をどこまで育て実りあるものにすることができるかは，学際的共同研究の成否にかかっている．

コラム 1： イスタンブールの鎖と文化連鎖分析法

イスタンブールは，ボスポラス海峡によって街が二分されている．東側がアジアサイド，西側がヨーロッパサイドと呼ばれていることからわかるように，アジアとヨーロッパにまたがっている街である．

このイスタンブールの軍事博物館に巨大な鉄の鎖が展示されている（図1.2）．1453年，千年あまりも続いた東ローマ帝国の首都コンスタンチノープル（現イスタンブール）が，若きスルタン，メフメト2世の率いるオスマン・トルコ軍の攻撃を受けた際，金角湾へのトルコ海軍の進入を防ぐため，湾入口に張った鎖の一部である．しかし，封鎖後十日もたたず，コンスタンチノープルは陥落，以後この街はオスマン・トルコ帝国の領土となる．この史実からもわかるように，この街にはアジアの文化とヨーロッパの文化が同居している．

ところで，アジアとヨーロッパというような文化の比較研究は，学術的な意味でも，国際相互理解を深める意味でも重要である．しかし，相離れた異質な文化を単に比較しても異なるということがわかるだけで，それ以上に理解は深まらないことが多い．そこで，隣接した地域の似たところと異なるところがある文化を鎖の輪を繋ぐように順次比較して，同異の相を連鎖的に明らかにしていくことによって，地理的にも相離れた異質の文化を比較研究する方法が意識の国際比較調査研究において提案された．この方法は文化連鎖分析法（cultural link analysis）と呼ばれている．過去の悲惨な争いを今に伝える巨大な鎖が保存されているイスタンブールは，アジアの文化の鎖とヨーロッパの文化の鎖の二つの大きな鎖がつながる街でもあり，意識の国際比較調査研究においてまた，これからの国際相互理解を深める意味で重要な街である．

図 1.2 金角湾封鎖に使われた鎖（イスタンブール軍事博物館所蔵，写真は http://homepage2.nifty.com/europe-quest/turkey/asakerimuzesi1.htm に掲載）

2

現象理解のためのデータ

2.1 計量的文化研究とデータ

　計量的文化研究ではデータが重要な役割を担うことはいうまでもない．ただ計量という言葉から，データはすべて数量であると思われるかもしれない．しかし計量的文化研究で用いるデータは，何も数量で示されるものばかりとは限らない．

　一般にデータは，名義尺度のデータ，順序尺度のデータ，間隔尺度のデータ，比例尺度のデータの4種類に分けられる．

　名義尺度のデータというのは，たとえば，古墳の形状を表示する際に，円墳を1，前方後方墳を2，前方後円墳を3で表すといったように，単に個体を分類・識別するために付けた記号のことである．個体に付ける記号は1,2,3という数字である必要はなく，A, B, Cやイ, ロ, ハというような文字であってもよい．したがって，名義尺度のデータの場合には，仮に記号として数字が使われたとしても，その数字は量的な意味を持っていない．

　順序尺度のデータというのは，たとえば，土器を小さい順にならべ，1,2,3, …と順番を付けた場合のように，何らかの意味での個体の順序付けをするために与えた数字のことである．順序尺度のデータでは，たとえば土器の大きさの順位のように，数字の小さいほうが土器は小さく，数字の大きいほうが土器は大きい，という数字の大小関係は意味を持つが，順位2の土器の大きさが順位1の土器の大きさの2倍である，あるいは順位3と順位2の土器の大きさの差が，順位2と順位1の土器の大きさの差に等しいというようなことはいえない．

間隔尺度のデータというのは，等間隔に目盛りは付けられるが絶対的な原点を持たない数値データのことで，時間データなどがそうである．たとえば歴史的な事柄が生じた「時」を示すのに，通常はキリスト誕生の年を元年とする西暦を用いるが，釈迦誕生の年，一説によると紀元前463年（三枝，1990）を元年としてもかまわない．西暦2000年と1000年は，釈迦誕生の年を元年とするとそれぞれ2463年と1463年に相当するので，いずれの表示であっても二つの年の差は1000年で同じとなる．このように間隔尺度のデータの場合は二つの数値の差は意味を持つ．しかし，数値の比は意味を持たない．たとえば西暦2000年は西暦1000年の2倍の長さかというとそれはそうとはいえない．確かに西暦の場合，比をとると2000/1000＝2となるが，釈迦誕生の年を元年とすると2463/1463＝1.68となるからである．

比例尺度のデータというのは，文の長さ，遺物の重さなどのように，等間隔の目盛り付けに加え絶対的な原点もあり，数値の大小関係はもちろん，差の値も意味を持つが，さらに比の値も意味を持つデータのことをいう．たとえば文の長さを例にとると，20文字の文は10文字の文の2倍の長さであるといえる．

これらの4種類のデータのうち，名義尺度のデータと順序尺度のデータは質的（定性的）データと呼ばれる．これに対し，間隔尺度のデータと比例尺度のデータは量的（定量的）データと呼ばれる（図2.1）．

計量的文化研究で用いるデータは，自然科学の領域のデータに比べ，質的データ，特に名義尺度のデータが多く，またそれが研究上重要な役割を担う場合が多い．しかしながら，質的データには測定者の主観が入る余地があり，データの精度の点で問題が生じる．したがって，計量的文化研究におけるデータ分析は，自然科学の研究におけるデータ分析より，この意味ではむずかしいとい

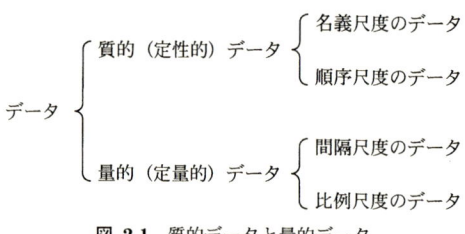

図 2.1　質的データと量的データ

2.2 データの生成

計量分析には研究の基盤となる質のよいデータが必要となる．ところでよく「データをとる」，「データを得る」という表現が使われる．英語では data collection という言葉が用いられる．この「データをとる」，「データを得る」，あるいは data collection という表現からは，データそのものが存在しており，それを単に集めることである，というような印象を受けがちである．しかし，データは物差しや測定方法があってそれに応じて初めて手にいれることができるものであり，データそのものがあらかじめ存在しているわけではない．データは測定者が生成するものである．

したがって，同じ現象であっても，生成の仕方，つまり用いる物差しや測定方法が変わると，生成されるデータもまた異なる．このようにデータはある操作によって生成されるものであり，このことを林 知己夫氏は「データは操作的なものである」と表現している（林，2001）．

自然科学の領域では，長さ，重さ，温度，圧力などの測定を考えてみるとわかるように，データを生成するために用いる物差しや測定方法は比較的明確である．しかし，文化研究においては，測定対象の現象そのものが曖昧模糊としているため，どのような物差しを用いたらよいのか，どのような測定方法で現象を測ればよいのかが明確でない場合が多い．

たとえば文の長さを測定する場合を例にとると，単語を単位として計るのか，文字を単位として計るのかで，同じ文を測定しても生成されるデータは異なる．さらに文字を単位とした場合でも，一つの漢字を一文字とするのか，あるいは，かな読みに直してから計るのかでデータは異なる（図 2.2）．このように物差しがいく通りか考えられる場合に，たとえば作家の文体を研究する際にどの物差しが有効なのか，というようなことがあまり明確ではない．

長い／トンネル／を／抜ける／と／雪国／で／あっ／た．	（語数　　9）
長いトンネルを抜けると雪国であった．	（文字数 17）
ながいトンネルをぬけるとゆきぐにであった．	（文字数 20）

図 2.2 文の長さの測定例

ただ文の長さの場合，物差しがいく通りかあっても，測定方法そのものは，単語を数える，文字を数えるということで明確である．しかし，測定方法が明確でない場合もある．たとえば，作家の語彙の豊富さは，作家を推定するような場合において重要な情報となるが，作家の持っている総語彙量はそもそも測定できるものなのか，もし測定できるとするならば，どのようにしたら測定できるのか，いまだにわかっていない．

このように文化研究の場合には，現象を理解するためにこのような情報が必要とわかっていても，測定方法や物差しの問題から必要なデータを生成することが困難である場合が多くある．

2.3 測定項目（変数）の選択

文化現象に限らないが，複雑かつ曖昧な現象の計量分析においては，大局をつかむことが重要である．大局をつかめば総合的理解が容易となる．最初から精密な分析を狙うと，「木をみて森をみず」のたとえのように全体像がつかめず，何が本質的に重要なのかを見失う可能性が高い．

ところで，現象を大局的に把握し，現象の総合的理解を進めるためには，どのような種類（項目，変数）のデータを生成すべきかを決めることが重要な問題となる．

一般に，文化現象を理解するためのデータの種類は無数に考えられる．たとえば，作家の文体に注目した場合，文体に関する情報として，文長，単語長，単語の出現率，品詞の出現率，品詞の接続関係，語彙量，読点の付け方，などの膨大な種類のデータを生成することが可能である．しかし，仮に，そのような膨大な種類のデータが生成できたとしても，計量分析でそれらすべてを用いることは実際には不可能であるし，また現象を理解するうえで役立たないデータが多く含まれていることも考えられる．

現象の大局的把握のためにどのような種類のデータが必要かを決めるには，現象を深く掘り下げ，現象の理解にはどのような切り口が考えられ，そのなかでもとりわけ，どの切り口が重要かという的確な判断が要求される．つまり，データ生成以前の文化現象に対する鋭い洞察によってもたらされる着眼のよさが重要となる．

近年データマイニング（data mining）という言葉が，種々の領域のデータ

分析において重要なキーワードとなっている．データマイニングとは，すでに生成されデータベース化された諸々の種類のデータのなかから，どのような種類のデータが分析において重要であるかを見出すことを意味しているようである．しかし，データマイニングの本質は，すでに掘り出された（生成された）データの山を掘り返し，そのなかから分析に役立ちそうなデータを見つけ出すことにあるのではなく，むしろどのような種類のデータを生成すれば現象解明に役立つかを探るところにあるのではないだろうか．役立たないデータの山をいくら掘り返してみても意味がない．それよりは，現象解明に役立つデータを手に入れるためにはどこを掘る必要があるのか，言い換えると，どのような種類（項目，変数）のデータを生成する必要があるのかを見出すほうがより重要である．

必要な種類のデータを，適切な物差しと適切な測定方法で生成することが，計量的研究を成功させるための重要な鍵となる．

2.4 データの性格

ところで，質的データ，量的データを問わず，データには程度の差はあれ常に曖昧さ，不確実さが付きまとう．たとえば質的データの場合，土器の形，色，模様などのデータ化を考えてみればわかるように，形，色，模様などを分類（名義尺度化）しようとすると，そこにはどうしても測定者の主観が入る余地があり，そのためデータに曖昧さ，不確実さが生じる．

量的データの作成においても，データの曖昧さ，不確実さの問題は生じる．たとえば前方後円墳の後円部の直径の測定を考えてみる．築後千数百年を経ている前方後円墳では後円部と地表との境が明確でなくなったため，後円部が完全な円になっていない場合が多い．そのため直径を計る際の計測位置が異なれば値は異なるし，また同じ計測位置でも，後円部と地表との境の認定が異なると値もまた異なる．

精度のよい良質のデータの生成は，計量分析を成功させるための重要な要素である．したがって，データの生成に際しては，曖昧さ，不確定さが極力生じないように種々の工夫をすべきである．しかしどのように努力しても，曖昧さ不確実さをゼロにすることが不可能な場合がある．著者らは，4.3節で紹介する『源氏物語』の計量分析のために，54巻の全文章を37万語を超える単語に

桐0010-01	は なき わさ なる を まして	あはれに	いふかひなし。 かきりあれ は れいの
桐0010-14	そねみ 給しか。 人からの	あはれに	なさけありし 御心 をうへの女房 なと
桐0016-03	せ たまは さり ける と	あはれに	み たてまつる。 おまへ
桐0017-03	やと うちのたまは せて いと	あはれに	おほしやる。 かくて も をのつから
帚0044-10	よみ し を ききて いと	あはれに	かなしく 心ふかき こと かな と 涙を
帚0059-07	かかつらひ 侍し ひとに	あはれに	おもひうしろみ ねさめ の かたらひに
帚0060-01	は うけ給はら む と	あはれに	むへむへしく いひ 侍。 いらへに
帚0062-08	のち に おもへ は をかしく もん	あはれに	も あ へかり ける 事 の その
帚0067-03	は いと うかひ たる なん	あはれに	侍 なんと きこえさす。 いよのすけ
帚0079-01	は つれなき 人よりは 中中	あはれに	おほさる とそ。
夕0101-11	ものはかなき すまひ を	あはれに	いつこか さして と おもほしなせ は
夕0103-04	さま に ものし たまへ し を	あはれに	くちをしう なん。 いのち なかくて
夕0112-05	まし と のたまひ もし かの	あはれに	わすれ さりし 人 に やと
夕0113-10	まと は し つつ さすかに	あはれに	み て は え ある ましく この
夕0118-05	たへかたけに おこなふ。 いと	あはれに	あしたの 露 に ことなら ぬ よ
夕0134-01	の ほと に 心 を つくして	あはれに	おもほえ し を うちすて て まと はし 給
夕0138-06	ものし 給 け め と おもふ も	あはれに	なん。 また うちかへし つらう
夕0140-03	に 空の けしき いと	あはれに	御まへ の せむさい かれかれに むし の
夕0141-02	の 心 には したかはん なと	あはれに	て 我(か) 心 の ままに とりなを し
夕0144-04	つつ ねんす を いと	あはれに	し 給。 頭(の)中將 を み

図 2.3 『源氏物語』の KWIC の一部（形容動詞「あはれなり」の連用形「あはれに」）第1行目の桐0010-01 は桐壺の巻の語で『源氏物語大成』の 10 頁の 1 行目に出現した単語であることを示す.

分割し，そのすべての単語に，品詞情報，活用形の種類と形，会話文，和歌，地の文（会話文，和歌以外の文）のいずれに出現した単語なのかなど計量分析に必要な情報を付加したデータベースを構築した（統計数理研究所村上研究室編，2000）．このデータベース構築において単語認定や品詞確定の誤りを見つけるため，図 2.3 のような KWIC (key words index in contexts) と呼ばれる索引を作るなどして，データの曖昧さ不確実さを減少させる努力をしたが，誤りをゼロにすることはできていない．現時点で単語認定，品詞確定の誤りは少なくとも全体の 0.01～0.03% 程度（37～110 語程度）はあると考えられる．したがって計量分析の際に，このような誤りの割合がどの程度分析結果に影響を与えるか，常に考慮する必要がある．

　一般に生成されたデータがどの程度信頼できるのか，どのような性格のものであるのかは，測定の方法はもちろんのこと，測定者，測定環境，測定条件など種々の要因の影響を受ける．したがって，データの性格を十分に把握した分析を行うにはデータの生成とデータ分析とが首尾一貫して一体となっていることが望ましい．しかしこれは一人の研究者がデータ生成から分析までのすべてを行わなければならないという意味ではない．文化活動という現象を通して心の在り様という複雑で曖昧なものを探求する場合には，統計学，情報学，文学，言語学，考古学，歴史学，心理学，哲学などの関連の種々の研究領域の研

究者が互いに知識や知恵を出し合い共同で研究を行わざるをえない．したがって，このような学際的研究にあっては研究チームとして，データ生成とデータ分析が首尾一貫して一体となっていればよい．

問題は，データ生成とデータ分析を一貫して行うことができない場合である．たとえば，遺跡発掘者がデータを生成し，データベース化し保存する．そのデータベースを別の考古学者が分析するというように，データの生成者とデータの分析者が異なる場合である．すでに構築されたデータベースの利用が不可欠な研究ではこのような型になるざるをえない．このように分析者にとってデータが外から与えられた場合には，すぐに分析に入るのではなく，まずデータを十分吟味し，データの特質や精度などその性格を把握することから始めなければならない．

計量分析を信頼に足るものにできるかどうかは，データの性格をどれだけ正しく把握できているかにかかっている．

2.5 データベースの構築と管理

文化現象解明のために生成するデータは，現象によっては膨大な量となる．たとえば，『源氏物語』一作品だけでも37万語を超える語数となる．一人の作家の全作品のデータベースとなると数百万語の語数となると考えられる．したがって，このような膨大なデータを計量分析で効率よく利用するためにも，また，他の人々の利用に供するためにも，生成したデータを適切な型でデータベース化しておく必要がある．

たとえば，文学作品のデータベースの場合，文章をそのまま入力しただけでは計量分析に利用できない．文章を単語に分割し，単語一つ一つに品詞情報や活用形の情報など計量分析に必要な情報を付けたデータを生成する必要がある．このようなデータ生成には，国文学，国語学に精通した専門家が当たらなければならない．

しかし，文化研究に携わる研究者は計量分析やデータベースについて必ずしも十分な知識や技能を併せ持っているわけではないし，計量分析を行うためにはどのような型でデータを表現しておかなければならないかに関しても十分な知識を持っているとは限らない．

また，構築したデータベースに新たな種類の情報を追加したり，あるいは，

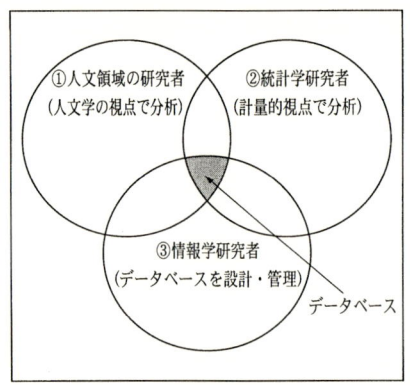

図 2.4 データベース構築と管理のための協力体制

データベースの中身を一部修正するというようなことも頻繁に起こる．このような情報の追加や内容の修正などが，間違いなくかつ容易に行えるようになっている必要もある．そのためにはデータベースの設計・管理に関する知識を有する情報学の専門家の協力が不可欠である．

したがって使い勝手のよいデータベースを作成するには，文化研究という視点と，計量的な視点と，情報処理の視点の合計三つの視点からの十分な検討が必要となる．図2.4に示したように，①研究対象の文化現象に関し深い知識を持った人文領域の研究者，②計量的な視点から文化現象を分析する統計学の研究者に加え，③データベースの設計・管理を行う情報学の研究者の三者の協力体制を築きあげなければならない．

2.6 データ分析に向けて

データの分析法は，単純な方法から複雑な方法まで多くの方法が提案されている．次の3章には，それらの方法のなかでよく用いられる分析法のいくつかを示してある．これらの分析法のどれを用いるかを決定するに際し，研究対象である文化現象の内容や研究目的を考慮するのは当然であるが，これに加えてデータの精度がどの程度のものであるかを含め，データの性格への配慮が必要である．精度の低い信頼できないデータに対し，厳密で複雑な分析を試みても得るものは少ないからである．精度の低いデータに対してはそれなりの分析法が必要となる．

2.6 データ分析に向けて

　次にどのような現象を分析するにせよ，できるだけ単純な方法で解明を試みるという姿勢が重要である．単純な分析方法を用いた研究はレベルの低い研究と思われがちであるが，実はそうではない．複雑な分析法は一般にデータの出方に関して種々の仮定を置く場合が多いが，それらの仮定が満たされているかを確かめるのは容易ではない．たとえば通常のデータの出方に正規分布とよばれる確率分布を仮定する．しかし文化現象に関するデータがどの程度正規分布で表現できるのか不明な場合が多い．というのは自然科学の領域で行われているような大量のデータから分布の型を確認するというような方法がほとんど行われていないからである．したがってデータの出方に仮定を置かない単純な方法で得た分析結果の方が，現象の本質的な部分を描き出している可能性が高い．そのうえ，分析結果の解釈も容易であり，計量分析に馴染みのない研究者の理解も得やすい．単純な方法では現象の解明の見通しがつかず，やむをえず複雑な方法を用いた場合でも，分析がある程度進み現象解明の見通しがついたならば，その段階でもう一度単純な方法で解明できないかどうか試みるべきである．

　計量的文化研究は学際的共同研究である．したがって，計量分析の結果が人文学の領域の研究者にとって理解できないものであっては，共同研究の発展は望めない．

　データ分析に関し，留意すべきことがさらにある．それはデータ分析は万能ではないということである．確かにデータを用いることで客観的な議論が可能となる．また複雑な現象の総合的理解も容易となる．しかし，いろいろな種類の大量のデータを用いた分析であっても，用いるデータの種類や数に限りがある以上，それらを用いて得た分析結果にもおのずから限界がある．したがってデータ分析の結果に対しては計量分析とは異なる観点からの裏付けが必要である．計量分析だけが一人歩きしてはならない．あくまでも文化研究における研究法の一つと考えるべきである．

コラム 2： ローマ字表記の日本語文献データベース

漢字・かな文字以外の文字を用いた日本語文献データベースなど，もはや想像することさえできない時代となった．しかし，わずか1/4世紀前の1970年代，コンピュータでの日本語処理はさほど容易ではなかった．そのため1976年に開始した日蓮遺文の計量分析ではローマ字表記の日本語文献データベースが構築された．

ローマ字表記のデータベースの場合にはいくつかの問題点があった．たとえば，文章を入力する際に漢字の読みを統一しておかなければならなかった．「日本」の読みが「ニホン」であったり，「ニッポン」であったりという混乱をさけるためである．しかし，分析に用いた17万語を超える言葉を入力する際に，漢字の読みを統一することは容易ではなかった．またローマ字表記では，「気」と「木」というような同音異語の区別ができないという問題もある．加えて入力した文章のチェックも大変であった．共同研究者の国語学者に，「日蓮遺文というより英文を読んでいるようで校正する気がおきません」といわれ納得したものである．

このような問題があったにもかかわらず，コンピュータが日本の文字を扱えない状況においては，ローマ字表記のデータベースを構築せざるをえなかった．ところが1980年代に入りコンピュータが漢字・かな文字を扱えるようになった．そこで問題の多いローマ字表記のデータを漢字・かな文字表記のデータに変換すると，はるかに使いやすく，かつ精度の高いデータベースになった．このことは両者を比較してみると一目瞭然である．

```
(a)  1  SORE HOKEKIYAU DAI SITI ZIN*RIKIHON*NI IHAKU,
        (EU WO MOTUTE KORE WO IHA BA, NIYORAI NO ITISAI
        NO SIYOU NO HOHU, NIYORAI NO ITISAI NO ZIZAI
     2  NO ZIN*RIKI, NIYORAI NO ITISAI NO HIEU NO ZAU,
        NIYORAI NO ITISAI NO ZIN*ZIN*NO ZI,MINA KONO
        KIYAU NI OITE SEN*ZIKEN*ZETU SU) TOU UN*NUN*

(b)  1  夫れ/法華經/第/七/神力品/に/云く/、/『/要/を/似て/之/を/言は/
        ば/、/如來/の/一切/の/所有/の/法/、/如來/の/一切/の/自在/
     2  の/神力/、/如來/の/一切/の/祕要/の/藏/、/如來/の/一切/の/甚深/
        の/事/、/皆/此の/經/に/於て/宣示顯説/す/』/等/云云/。/
```

図 2.5 『三大祕法禀承事』の入力データ（底本は浅井要麟編『昭和新修日蓮上人遺文全集』（平楽寺書店））
(a) ローマ字のデータ（N*は「ん」を表す．数字はテキストの列番号），(b) かな・漢字のデータ

3

現象理解のためのデータ分析法

3.1 データの数量的特徴

3.1.1 データや分析結果の視覚化

　文化現象に限らず，データに基づいて現象を理解しようとする際に，データや分析結果をグラフ化し，視覚的に把握できるようにすることは重要である．グラフを用いて視覚化することにより，現象の直観的かつ総合的な理解が容易となるからである．実際，多くの計量分析のソフトウェアは諸々の型で分析結果がグラフ表示できるようになっている．

　コンピュータの普及以前は複雑なグラフを作成するのは容易ではなかった．しかし，今日では3次元表示のグラフなどを始めとして，多様なグラフが計量分析で利用され，現象理解に役立っている．ここではグラフの重要性を再認識させたH.チャーノフの提案した顔型グラフを紹介する．

　顔型グラフは，顔の輪郭，目，鼻，口，眉，瞳など，顔の構成要素に変数を割り当て，その位置，長さ，傾きなどで，それぞれの変数の値の大きさを表示し，多くのデータの持つ情報を顔の表情として視覚的に把握できるようにするために開発されたグラフである．チャーノフは図3.1のような顔を考えたが，この顔で表3.1に示すような18種類の変数の値を表示することができる (Chernoff, H., 1971)．

　図3.2は，日蓮の著作『如来滅後五五百歳始観心本尊鈔』と日蓮の名に託して作られた贋作『臨終の一心三観』における名詞，動詞，助動詞，形容動詞，形容詞，助詞，副詞，連体詞の八つの品詞の出現率（表3.2）を顔型グラフで表現したものである．図3.2からわかるように，データを視覚化することで，

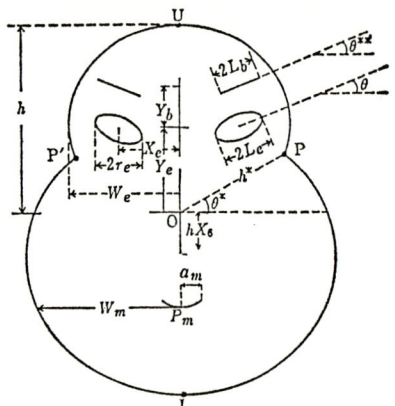

図 3.1 顔型グラフの基本構成図

表 3.1 観測変数と顔を描く変数との対応

基準化変数	顔を描く変数	変換式	備考
X_1	h^*	$h^* = \frac{1}{2}(1+X_1)H$	OP の長さ，H は顔の大きさの倍率
X_2	θ^*	$\theta^* = (2X_2-1)\pi/4$	X 軸と OP の角度
X_3	h	$h = \frac{1}{2}(1+X_3)H$	顔の OU(=OL) の長さ
X_4	X_4		顔の上半分の楕円の離心率
X_5	X_5		顔の下半分の楕円の離心率
X_6	X_6		鼻の長さ (hX_6)
X_7	p_m	$p_m = h\{X_7+(1-X_7)X_6\}$	口の位置
X_8	X_8		口の曲率(半径 $h/|X_8|$)
X_9	a_m	$a_m = X_9(h/|X_8|)$ or X_9W_m	口の幅
X_{10}	Y_e	$Y_e = h\{X_{10}+(1-X_{10})X_6\}$	目の位置
X_{11}	X_e	$X_e = W_e(1-2X_{11})/4$	目の中心の離れ具合い
X_{12}	θ	$\theta = (2X_{12}-1)\pi/5$	目の傾き
X_{13}	X_{13}		目の楕円の離心率
X_{14}	L_e	$L_e = X_{14}\min(X_e, W_e-X_e)$	目の幅の半分
X_{15}	X_{15}		ひとみの位置
X_{16}	Y_b	$Y_b = 2(X_{16}+0.3)L_eX_{13}$	目から眉の位置
X_{17}	θ^{**}	$\theta^{**} = \theta + 2(1-X_{17})\pi/5$	眉の傾き
X_{18}	L_b	$L_b = r_e(2X_{18}+1)/2$	眉の長さ ($2L_b$)

W_e は Y_e の高さでの顔の輪郭までの距離．

3.1 データの数量的特徴　　21

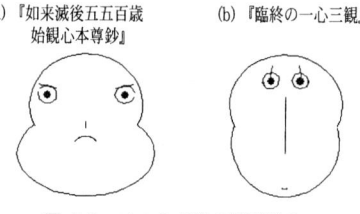

図 3.2 二つの文献の顔型グラフ

表 3.2 二つの文献の品詞の出現率と顔型グラフへの割付

品　詞	如来滅後五五百歳始観心本尊鈔	臨終の一心三観	顔の部分への割付
名　　詞	0.386	0.384	X_{12}：目の傾き
動　　詞	0.124	0.120	X_9：口の幅
形容動詞	0.006	0.012	X_7：口の位置
助　　詞	0.300	0.345	X_8：口の曲率
助 動 詞	0.063	0.060	X_{17}：眉の傾き
副　　詞	0.041	0.027	X_{11}：目の中心の離れ具合い
連 体 詞	0.018	0.020	X_6：鼻の長さ
形 容 詞	0.009	0.001	X_5：顔の下半分の楕円の離心率

二つの著作における品詞の出現率の違いを容易に把握することができる．

3.1.2　データの代表値—比率と平均値—

多数のデータの値をまとめて一つの値で代表させるために，最も多く用いられるのが比率（割合）と平均値である．

比率は，注目している性質を持つデータの度数（個数）を，総度数（データの総数）で割ったもので，相対度数ともいう．比率を100倍したものが百分率（％）である．

$$比率(割合) = \frac{注目している性質を有するデータの度数}{データの総度数} \quad (3.1)$$

たとえば，総単語数37万6425語の『源氏物語』には，副詞の「いと」という言葉が4224回現れるが，その出現（比）率は式(3.1)より

$$「いと」の出現（比）率 = \frac{「いと」の出現度数}{『源氏物語』の総単語数} = \frac{4224}{376425} = 0.01122$$

である.この「いと」という言葉は『源氏物語』に現れる自立語のなかで「こと(事)」に次いで出現率の大きな言葉である.

いくつかの比較すべき文献の間で,データの総度数が異なる場合に,比率は重要となる.たとえば,二つの文学作品の文章を比較する際に,「この言葉は作品Aでは多く使われているが,作品Bでは少ない.したがって…」というような出現度数に基づく議論はあまり意味を持たない.なぜなら,作品Aが4万語,作品Bが1万語からなっていた場合に,仮に同じ比率でその言葉が使用されていたなら,作品Aにおける出現度数は作品Bの4倍となるからである.したがって,このような場合には比率を用いた議論が必要となる.

しかしながら,日本語の文章は通常分かち書きされていない(英文のように,単語と単語の間にスペースが入っていない)ため,ある言葉が何回使われているかは調べることはできても,一般に総単語数(総度数)はわからない.そのため,文章を分かち書きしないことには比率を求めることができなかった.このような日本文の特殊性が災いし,日本語文献の計量分析は大幅に遅れた.

データの値を一つの値で代表させるために,比率と同じようによく用いられるのが平均値である.いま n 個のデータ $x_1, x_2, \cdots, x_n$ があったとき,この n 個のデータの平均値 $\bar{x}$ は

$$\bar{x} = \frac{x_1 + x_2 + \cdots + x_n}{n} = \frac{\sum_{j=1}^{n} x_j}{n} \tag{3.2}$$

で求まる.

たとえば,六つの文があり,i 番目の文の長さを x_i としたとき,$x_1=18$(文字),$x_2=30$,$x_3=24$,$x_4=11$,$x_5=13$,$x_6=27$ ならば,この六つの文の長さの平均値 $\bar{x}$ は式(3.2)より

$$\bar{x} = \frac{x_1 + x_2 + x_3 + x_4 + x_5 + x_6}{6}$$
$$= \frac{18 + 30 + 24 + 11 + 13 + 27}{6} = 20.5 \quad (文字)$$

となる.

3.1.3 データのバラツキの数値化―分散と標準偏差―

比率や平均値は多くのデータを一つの値にまとめるときによく用いられるが,実はデータの集団としての特徴を表すには,比率や平均値だけでは不十分である.たとえば,ある作家の成熟期の4作品と晩年の4作品における助詞の出現率が,それぞれ

成熟期の4作品：0.302,　　0.300,　　0.297,　　0.301

晩年の4作品：　0.274,　　0.315,　　0.326,　　0.285

であったとしよう.成熟期,晩年の4作品の平均値はいずれも0.300である.しかし成熟期の4作品は出現率が安定しているのに比べ,晩年の4作品の出現率にはかなりのバラツキがみられる.助詞の出現率のバラツキの変化は作家の精神の変化が原因かもしれない.したがって,このようなデータのバラツキの度合いを示す量も現象の理解には必要となる.

n 個のデータ $x_1, x_2, \cdots, x_n$ に関し,この n 個のデータのバラツキの度合いを示すのに,次の式で求められる分散 S^2 と呼ばれる量が用いられる.

$$S^2 = \frac{(x_1-\bar{x})^2+(x_2-\bar{x})^2+\cdots+(x_n-\bar{x})^2}{n} = \frac{\sum_{i=1}^{n}(x_i-\bar{x})^2}{n} \qquad (3.3)$$

この分散 S^2 の平方根をとった量 $S(=\sqrt{S^2})$ は標準偏差と呼ばれるが,標準偏差 S もバラツキの度合いを示すのによく用いられる.分散 S^2,標準偏差 S ともデータにまったくバラツキがない場合は0となり,バラツキが大きくなるほど値は大きくなる.

先ほどの助詞の出現率のデータに関しては,分散,標準偏差は成熟期の4作品では,

$$S^2 = \frac{(0.302-0.300)^2+(0.300-0.300)^2+(0.297-0.300)^2+(0.301-0.300)^2}{4}$$

$$= \frac{0.000004+0+0.000009+0.000001}{4} = 0.0000035$$

$S = 0.0019$

となる.一方,晩年の4作品では,

$$S^2 = \frac{(0.274-0.300)^2+(0.315-0.300)^2+(0.326-0.300)^2+(0.285-0.300)^2}{4}$$

$$= \frac{0.000676+0.000225+0.000676+0.000225}{4} = 0.0004505$$

$S = 0.0212$

となる.したがって,成熟期と晩年の作品における助詞の使用率のバラツキを比較すると,分散では,約129倍,標準偏差では約11倍の違いがあることになる.

3.1.4 二つの変数の関連の強さの数値化—相関係数—

複雑な現象を分析する際に,複数の変数を同時に分析することが必要となる.そのような場合には,変数間のからみ合い(関連)の度合いを把握することが現象を分析するうえで重要となる.そのため,二つの変数の間の関連の強さを示す相関係数と呼ばれる量が用いられる.

二つの変数に関する n 個のデータの組を $(x_1, y_1), (x_2, y_2), \cdots, (x_n, y_n)$ とすると,変数 x と変数 y の相関係数 r は

$$r = \frac{(x_1-\bar{x})(y_1-\bar{y})+(x_2-\bar{x})(y_2-\bar{y})+\cdots+(x_n-\bar{x})(y_n-\bar{y})}{\sqrt{(x_1-\bar{x})^2+(x_2-\bar{x})^2+\cdots+(x_n-\bar{x})^2}\sqrt{(y_1-\bar{y})^2+(y_2-\bar{y})^2+\cdots+(y_n-\bar{y})^2}}$$

$$= \frac{\sum_{i=1}^{n}(x_i-\bar{x})(y_i-\bar{y})}{\sqrt{\sum_{i=1}^{n}(x_i-\bar{x})^2}\sqrt{\sum_{i=1}^{n}(y_i-\bar{y})^2}} \tag{3.4}$$

で求まる.相関係数 r がとる値の範囲は -1 から $+1$ までで,相関係数の値が $+1$ に近くなるほど,x の値が大きくなると y の値もそれに比例して大きくなるという直線的な関係が強くなり,反対に -1 に近くなるほど,x の値が大きくなると y の値は x の値に比例して小さくなるという直線的関係が強くなる.r が 0 に近くなるほど,x の値が大きくなると y の値が大きくなる,あるいは小さくなるというような関係はみられなくなる.

表 3.3 は『源氏物語』の最後の 10 巻(「宇治十帖」)の助動詞の出現率である.巻番号を x,助動詞の出現率を y とすると,x と y の相関係数 r は式 (3.4) に表 3.3 の値を代入して

$$r = 0.887$$

となる.つまり,r の値が $+1$ に近い値となっていることより,最後の 10 巻では,後の巻になるほど,助動詞の出現率が高くなっていることがわかる.

3.2 現象理解のための計量的手法

表 3.3 「宇治十帖」の各巻における助動詞出現率

巻番号 x (巻名)	助動詞出現率 y
45 (橋姫)	0.115
46 (椎本)	0.121
47 (総角)	0.115
48 (早蕨)	0.116
49 (宿木)	0.125
50 (東屋)	0.125
51 (浮舟)	0.125
52 (蜻蛉)	0.127
53 (手習)	0.130
54 (夢浮橋)	0.129

表 3.4 日蓮の著作 24 編における動詞の出現率

0.123	0.141
0.153	0.121
0.141	0.139
0.165	0.163
0.116	0.120
0.156	0.124
0.132	0.125
0.145	0.117
0.146	0.127
0.155	0.156
0.136	0.116
0.156	0.146

3.2 現象理解のための計量的手法

3.2.1 区間推定

表 3.4 の数値は，日蓮の著作 24 編における動詞の出現率である．同じ書き手の文章でも，たとえばこの動詞の出現率のように，文章の特徴を示す変数の値はバラツクものである．しかし，値がバラツクといっても，バラツキの範囲は書き手によっておのずから限定される．そこで，たとえば何編かの日蓮の著作を調べて，日蓮の著作における動詞の出現率のバラツキの範囲を統計学的に推定する．そうして動詞の出現率が推定した範囲に入らないような文献は贋作の可能性が高いと判断するというように，文献の著者の推定に文章の特徴を示す変数のバラツキの情報を用いることができる．

いま，文章に関するある変数の値（たとえば，動詞の出現率のような値）に注目したとしよう．ある人物の n 編の著作におけるこの変数の値が $x_1, x_2, \cdots, x_n$ であったとき，データからこの人物の著作におけるこの変数の値 x がある確率で入る範囲（区間）をチェビシェフの不等式で求めることができる．

チェビシェフの不等式というのは，n 個のデータの平均値を $\bar{x}$，標準偏差を S としたとき，変数の値 x が

$$\bar{x} - kS < x < \bar{x} + kS \tag{3.5}$$

となる確率は $1 - 1/k^2$ 以上であることを示す不等式のことをいう．ここで，k

は任意の正数である．たとえば，$k=4.47$ とすると
$$1-\frac{1}{(4.47)^2}=1-0.05=0.95$$
であるので，式(3.5)より x の値が
$$\bar{x}-4.47S<x<\bar{x}+4.47S \tag{3.6}$$
の区間に入る確率は 0.95 以上となる．「確率 0.95 以上」という言葉の意味は，この人物の著作が仮に 100 編あった場合に，統計学的にはそのなかの 95 編以上の文献の変数の値 x はこの区間内に入り，この区間外に落ちるのは多くても 5 編程度であるということである．

もう少し x の値が入る確率の高い区間，たとえば，x が確率 0.99 以上で入る区間が必要ならば，$k=10$ のとき，$1-1/k^2=0.99$ となるので次の区間
$$\bar{x}-10S<x<\bar{x}+10S \tag{3.7}$$
を用いる．

さて，日蓮の著作における動詞の出現率を x として，x が確率 0.95 以上で入る区間を式(3.6)で求めてみると，前述の 24 編のデータの平均値 $\bar{x}$ が 0.1382，標準偏差 S が 0.0155 であるので，式(3.6)より
$$0.0689<x<0.2075$$
となる．表 3.4 の関連の著作 24 編はすべて，今求めた区間内に入っている．

実際に区間推定法を文献の研究に用いたものとしては，『ジュニアス・レター』の執筆者推定の研究がある（4.1.2 項参照）．ただし，この研究では文章の特徴を示す変数 x の分布が正規分布と呼ばれる，山が一つで，つり鐘状の型をした確率分布に従っていると仮定し区間を求めている．x の分布に正規分布と呼ばれる確率分布が仮定できる場合には，x がある確率以上で入る区間はチェビシェフの不等式を用いた場合より狭くなる．たとえば，正規分布を仮定した場合，x が確率 0.95 で入る区間は文献数 n が大きいときにはおおよそ
$$\bar{x}-1.96S<x<\bar{x}+1.96S \tag{3.8}$$
となり，また確率 0.99 で入る区間はおおよそ
$$\bar{x}-2.58S<x<\bar{x}+2.58S$$
となる．

さきほどの表 3.2 の日蓮の著作における動詞の出現率の場合に，出現率の分

布として正規分布を仮定すると，動詞の出現率 x が確率 0.95 で入る区間は，式(3.8)より

$$0.1078 < x < 0.1686$$

となる．この区間は，チェビシェフの不等式で求まる区間

$$0.0689 < x < 0.2075$$

より狭いが，やはり表 3.4 の日蓮の著作 24 編はすべてこの区間内に入っている．

6.2 節に，区間推定法を用いた古代寺院の金堂の建立時代推定の研究が紹介されているが，この研究においてもデータの分布として正規分布を仮定した区間推定法が用いられている．

区間推定法を用いる問題では，このように，変数 x の分布として正規分布を仮定する場合が多いが，実際にこの仮定の妥当性を確かめることは簡単ではない．したがって，正規分布を仮定した分析においては，常にそのような問題を含んでいるということに留意し，分析結果を解釈する必要がある．なお，正規分布に関する詳細な説明，および正規分布を仮定した区間の推定に関しては，統計学の専門書（ホーエル，P.G., 1987；佐和，1985；村上，1985 など）を参照していただきたい．

3.2.2 直線回帰分析

3.1.4 項の表 3.4 に，『源氏物語』のなかの「宇治十帖」と呼ばれる（巻 45）「橋姫」から（巻 54）「夢の浮橋」までの 10 巻における助動詞の出現率を示した．図 3.3 はこの出現率を図示したものである．

「宇治十帖」の 10 巻では，助動詞の出現率が後の巻になるほど増加していることがわかる．巻番号を x，助動詞の出現率を y とすると，x と y の相関係数は $r = 0.887$ であった．したがって x と y の関係を直線で近似できそうである．

図 3.3 には，x と y の関係を最もうまく近似する直線を書き入れているが，この例のように，二つの変数 x と y との間に直線的な関係がみられるとき，その関係を表す直線の式を求めることを考える．データから

$$y = a + bx \tag{3.9}$$

という直線を求める方法を直線回帰分析と呼び，式(3.9)を回帰直線，変数 y

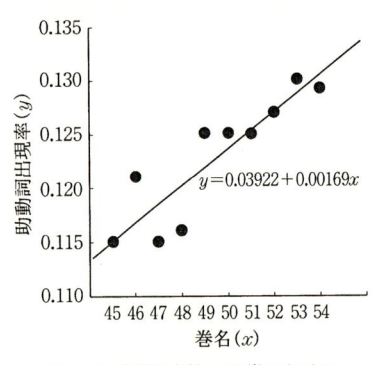

図 3.3 「宇治十帖」10 巻における助動詞出現率

を目的変数(被説明変数,従属変数),x を説明変数(独立変数)と呼ぶ.また,この式の a, b を回帰係数と呼んでいる.

さて,n 個のデータの組

$$(x_1, y_1), (x_2, y_2), \cdots, (x_n, y_n)$$

から,式(3.9)を求めるには次のようにする.いま,仮に回帰係数 a と b が定まり,$y = a + bx$ という式が定まったとする.このとき,この式に i 番目の巻の番号 x_i を代入して得られる変数 y_i の値(これを y_i の予測値と呼び $\hat{y}_i$ で示す)を求めてみると,このようにして求めた予測値 $\hat{y}_i = a + bx_i$ と実際の y_i の値は一般には異なる値となる.この差を e_i とすると,

$$e_i = y_i - \hat{y}_i = y_i - (a + bx_i) \quad (i = 1, 2, \cdots, n)$$

である.各データがすべて $y = a + bx$ という直線上に乗った場合には,x と y との間に完全な直線関係が成立していることになり,すべての y_i に関し $y_i = \hat{y}_i$ となる.したがって $e_i = 0$ となる.しかし,実際のデータではそのようになることはまずないといってよい.そこで n 個の巻に関し $e_1, e_2, \cdots, e_n$ の 2 乗の和 S_e

$$S_e = e_1^2 + e_2^2 + \cdots + e_n^2 = \sum_{i=1}^{n} e_i^2$$
$$= \sum_{i=1}^{n} (y_i - \hat{y}_i)^2 = \sum_{i=1}^{n} \{y_i - (a + bx_i)\}^2$$

を求め,この S_e を最小にする直線を,(差の 2 乗和を最小にするという意味

3.2 現象理解のための計量的手法

で) x と y の間の関係を表す最もよい直線とみなすことにする.

ところで，この差の2乗和を最小とする直線の回帰係数 a と b は，数学的には S_e を a および b で偏微分した結果を0と置いた式，つまり

$$\left. \begin{array}{l} \dfrac{\partial S_e}{\partial a} = -2\sum_{i=1}^{n}\{y_i-(a+bx_i)\}=0 \\ \dfrac{\partial S_e}{\partial b} = -2\sum_{i=1}^{n}\{y_i-(a+bx_i)\}x_i=0 \end{array} \right\} \quad (3.10)$$

という2本の式を連立して解くことによって得られる．この式(3.10)を整理すると，次のような正規方程式と呼ばれる式

$$an + b\sum_{i=1}^{n}x_i = \sum_{i=1}^{n}y_i$$

$$a\sum_{i=1}^{n}x_i + b\sum_{i=1}^{n}x_i^2 = \sum_{i=1}^{n}x_iy_i$$

が得られるが，この連立方程式を解くことによって，a と b は

$$b = \frac{n\sum_{i=1}^{n}x_iy_i - \sum_{i=1}^{n}x_i\sum_{i=1}^{n}y_i}{n\sum_{i=1}^{n}x_i^2 - \left(\sum_{i=1}^{n}x_i\right)^2} \quad (3.11)$$

$$a = \frac{1}{n}\left(\sum_{i=1}^{n}y_i - b\sum_{i=1}^{n}x_i\right) \quad (3.12)$$

のように求められる（まず b を求め，次に a を求める方が楽であるので，上記のような b, a という順に式を記載してある）.

たとえば，表3.4の『源氏物語』の「宇治十帖」における助動詞の出現率の場合には，$n=10$，$\sum y_i=1.2287$，$\sum x=495$，$\sum x_i^2=24585$，$\sum x_iy_i=60.9604$ であるので，これらの値を式(3.11)，(3.12)に代入すると

$$b = \frac{10\times 60.9604 - 495\times 1.2287}{10\times 24585 - (495)^2} = 0.00169$$

$$a = \frac{1}{10}\{1.2287-(0.00169\times 495)\} = 0.03922$$

を得る．したがって，「宇治十帖」の10巻においては，巻番号 x と助動詞の使用率 y との関係を表す式は

$$y = 0.03922 + 0.00169x$$

となる.

3.2.3 主成分分析

主成分分析は，多くの変数の持つ情報を主成分と呼ばれる少数個の合成変数に縮約して，2次元空間（場合によっては3次元空間）に射影し，視覚的に個体の分類を試みる統計手法である．ここでは前方後円墳の分類を例にとり手法を説明する．

いま，いくつかの前方後円墳をその形状から分類するため，前方後円墳の主軸長 x_1，後円部幅 x_2（図3.4）を測定し，横軸に x_1，縦軸に x_2 をとった2次元平面上に，それぞれの前方後円墳を位置づけたとしよう．そうすると，主軸長 x_1 と後円部幅 x_2 が共に同じような値の前方後円墳は同じような位置にくる．一方 x_1 や x_2 の値が大きく異なる前方後円墳は離れたところに位置するので，視覚的に前方後円墳の分類が可能となる．

しかし，形状に関する別の情報，たとえば，前方部幅 x_3 を追加した場合には，こんどは3次元空間内に前方後円墳を位置づけなければならず，視覚的に分類するのはむずかしくなる．一般に形状に関する情報を p 個用いた場合には p 次元空間に位置づけることになるが，しかし4次元以上の空間は視覚化できない．そのため四つ以上の変数を用いた場合には前方後円墳を分類するのは不可能となる．

そこで，p 個の変数 $x_1, x_2, \cdots, x_p$ の値にウェイトを付けて加え合わせ，次のような，たがいに独立で無相関な少数個の合成変数（これを主成分と呼ぶ）

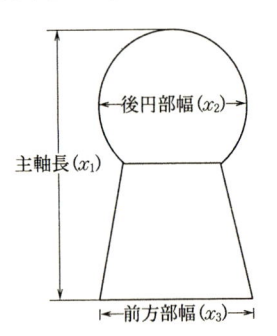

図 3.4 前方後円墳の測定部位

$z_1, z_2, \cdots, z_q (q \leqq p)$ を作ることを考える.

$$\left.\begin{array}{l} z_1 = a_{11}x_1 + a_{12}x_2 + \cdots + a_{1p}x_p \\ z_2 = a_{21}x_1 + a_{22}x_2 + \cdots + a_{2p}x_p \\ \cdots\cdots\cdots\cdots\cdots\cdots\cdots\cdots\cdots\cdots \\ z_q = a_{q1}x_1 + a_{q2}x_2 + \cdots + a_{qp}x_p \end{array}\right\} \quad (3.13)$$

このとき, p個の変数の情報ができるだけ多く1番目の合成変数 (第1主成分) z_1 に含まれるように, ウェイト $a_{11}, a_{12}, \cdots, a_{1p}$ を定める. 次に, z_1 に含まれなかった $x_1, x_2, \cdots, x_p$ の情報ができるだけ多く, 2番目の合成変数 (第2主成分) z_2 に含まれるように, ウェイト $a_{21}, a_{22}, \cdots, a_{2p}$ を定めるというように, 順次, 合成変数のウェイトを決めていく. このようにしてたがいに独立な合成変数を作ったとき, p個の変数の情報の大部分が z_1 と z_2 に含まれているなら, この2個の主成分 z_1 と z_2 だけを用いて分析しても, p個の変数をすべて用いた場合と同じような分析結果が得られるはずである. しかも, z_1 と z_2 だけを用いた場合には, 2次元平面上に前方後円墳を位置づけることができるので, 視覚的に分類が可能となる.

このようにして, p個の変数の値をそのまま用いてp次元空間で分析するのではなく, p個の変数の情報をできるだけ多く含む少数個 (できれば2個) の主成分と呼ばれる合成変数を用いて2次元 (場合によっては3次元) 空間に個体 (この場合は前方後円墳) を配置し視覚的に分類を行うのが主成分分析である.

次に分析法の概略を示す. 実際に主成分分析を用いるのは p が3以上の場合であるが, ここでは主成分分析の基本的な考え方を説明するため, $p=2$, つまり個体が二つの変数で特徴づけられている場合を例にとることにする.

いま, n個の個体について x_1 と x_2 の二つの量が測定されており (表3.5), この二つの変数から作った互いに無相関な合成変数を z_1, z_2 とする.

$$z_1 = a_{11}x_1 + a_{12}x_2 \quad (3.14)$$
$$z_2 = a_{21}x_1 + a_{22}x_2 \quad (3.15)$$

さて, n個の個体を x_1-x_2 平面上に表示したところ, 図3.5のように直線上に n個の個体がすべて乗ったとする. このとき, 図3.5からわかるように, n個の個体の第2主成分 z_2 (z_1 と直交する軸) の値はすべて0であるので, z_2

表 3.5 測定値 x と主成分 Z

	元の変数		主成分	
	x_1	x_2	z_1	z_2
1	x_{11}	x_{12}	z_{11}	z_{12}
2	x_{21}	x_{22}	z_{21}	z_{22}
⋮	⋮	⋮	⋮	⋮
α	$x_{\alpha 1}$	$x_{\alpha 2}$	$z_{\alpha 1}$	$z_{\alpha 2}$
⋮	⋮	⋮	⋮	⋮
n	x_{n1}	x_{n2}	z_{n1}	z_{n2}
平均	$\bar{x}_1$	$\bar{x}_2$	$\bar{z}_1$	$\bar{z}_2$
分散	S_{11}	S_{22}		
共分散	S_{12}			

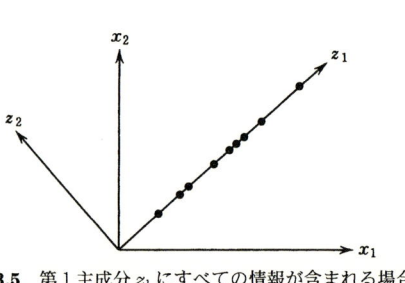

図 3.5 第1主成分 z_1 にすべての情報が含まれる場合

は何ら情報を持っていないことになり，したがって，分析において z_2 は考慮する必要はないということになる．つまり，x_1 と x_2 の2個の変数を用いて分析する代わりに，第1主成分 z_1 だけを用いて分析しても情報の損失はまったくないことになる．この場合，x_1, x_2 の分散と第1主成分の z_1 の分散の関係は次の式で表される．

$$\frac{1}{n}\sum_{i=1}^{n}(x_{i1}-\bar{x}_1)^2+\frac{1}{n}\sum_{i=1}^{n}(x_{i2}-\bar{x}_2)^2=\frac{1}{n}\sum_{i=1}^{n}(z_{i1}-\bar{z}_1)^2$$

ただし実際のデータでは，n 個のデータがすべて直線上に乗ることはまず考えられない．そこでいま，図 3.6 のようになったとしよう．このような場合には x_1 と x_2 の分散と z_1 と z_2 の分散の関係は次の式で表される．

$$\frac{1}{n}\sum_{i=1}^{n}(x_{i1}-\bar{x}_1)^2+\frac{1}{n}\sum_{i=1}^{n}(x_{i2}-\bar{x}_2)^2=\frac{1}{n}\sum_{i=1}^{n}(z_{i1}-\bar{z}_1)^2+\frac{1}{n}\sum_{i=1}^{n}(z_{i2}-\bar{z}_2)^2$$

主成分分析では，分散が大きい変数ほど情報が多いと考える．たとえば，す

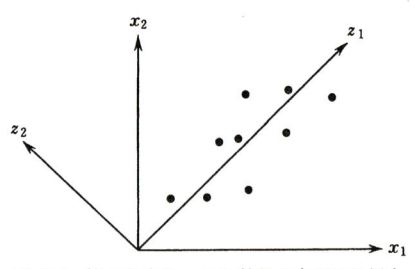

図 3.6 第2主成分 z_2 にも情報が含まれる場合

べての個体について，ある変数の値が等しければ分散はゼロになるが，この場合には個体を分類するにはその変数はまったく役に立たないと考えるとこのことは容易に理解できる．したがって x_1 と x_2 の情報（分散）の大部分（たとえば 90%）が第 1 主成分 z_1 に含まれるなら z_1 の分散が大きくなるので，情報の少ない第 2 主成分 z_2 を無視し，z_1 だけを用いて分析を進めても x_1 と x_2 を用いた場合と大差ないであろう．

そこで，x_1 と x_2 の情報ができるだけ z_1 に含まれるように，つまり式(3.16)で与えられる z_1 の分散が最大になるように，式(3.14)の係数 a_{11}, a_{12} を定めることを考える．

$$S_{z1}^2 = \frac{1}{n}\sum_{i=1}^{n}(z_{i1}-\bar{z}_1)^2$$
$$= a_{11}^2 S_{11} + 2a_{11}a_{12}S_{12} + a_{12}^2 S_{22} \qquad (3.16)$$

ここで，S_{11}, S_{22} はそれぞれ x_1, x_2 の分散，S_{12} は x_1 と x_2 の共分散で，

$$S_{11} = \frac{1}{n}\sum_{i=1}^{n}(x_{i1}-\bar{x}_1)^2, \qquad S_{22} = \frac{1}{n}\sum_{i=1}^{n}(x_{i2}-\bar{x}_2)^2$$
$$S_{12} = \frac{1}{n}\sum_{i=1}^{n}(x_{i1}-\bar{x}_1)(x_{i2}-\bar{x}_2)$$

である．ところで S_{z1}^2 を最大にする a_{11}, a_{12} は，$a_{11}+a_{12}=1$ なる条件のもとで（条件を付けないと a_{11}, a_{12} を大きくするほど S_{z1}^2 の値は大きくなり，a_{11}, a_{12} の値は定まらない），次の固有値問題を解くことに帰着する．

$$\underbrace{\begin{bmatrix} S_{11} & S_{12} \\ S_{12} & S_{22} \end{bmatrix}}_{\text{分散共分散行列}} \underbrace{\begin{bmatrix} a_{11} \\ a_{12} \end{bmatrix}}_{\text{固有ベクトル}} = \underbrace{\lambda}_{\text{固有値}} \begin{bmatrix} a_{11} \\ a_{12} \end{bmatrix} \qquad (3.17)$$

ここで分散共分散行列を Σ，固有ベクトルを $\boldsymbol{a}$ で表すと，式(3.17)は次のように表現できる．

$$\Sigma \boldsymbol{a} = \lambda \boldsymbol{a}$$

さて，この固有値問題を解くと二つの固有値 λ_1, λ_2 が得られるが，大きい方の固有値 λ_1 は最大化される分散 S_{z1}^2，つまり z_1（第 1 主成分）の分散に等しくなる．また，λ_2 は z_2（第 2 主成分）の分散に等しくなる．また，元の変数 x_1, x_2 の分散と，第 1 主成分，第 2 主成分の分散 λ_1 と λ_2 の間には次のような関係が成立する．

$$S_{11} + S_{22} = \lambda_1 + \lambda_2 \qquad (3.18)$$

式(3.18)からわかるように，主成分分析は元の変数 x_1 と x_2 の分散を，主成分と呼ばれる合成変数 z_1 と z_2 の分散に再配分する方法で，その際，第1主成分の分散ができるだけ大きくなるようにする．このとき，主成分 z_k $(k=1.2)$ の分散の総分散 $\lambda_1 + \lambda_2$ に対する割合を，主成分 z_k の寄与率と呼んでいる．

つまり

$$z_1 \text{の寄与率} = \frac{\lambda_1}{\lambda_1 + \lambda_2}, \qquad z_2 \text{の寄与率} = \frac{\lambda_2}{\lambda_1 + \lambda_2}$$

となる．

ところで，x_1, x_2 の測定単位が異なる場合，あるいは測定単位は同じでも分散が大きく異なる場合には，x_1, x_2 を次のような変数 x_1', x_2' に変換して，これらを用いて主成分分析を行った方がよい．

$$x_1' = \frac{x_{i1} - \bar{x}_1}{\sqrt{S_{11}}}, \qquad z_2' = \frac{x_{i2} - \bar{x}_2}{\sqrt{S_{22}}}$$

この場合，x_1', x_2' の分散共分散行列は元の変数 x_1, x_2 の相関行列に一致するので，これを相関行列を用いた主成分分析という．これに対し，x_1, x_2 をそのまま用いた主成分分析を分散共分散行列を用いた主成分分析という．

ここまで，2変数の場合の主成分分析について説明してきたが，p 変数の場合も，計算は複雑となるが同じようにして式(3.13)で示した主成分を求めることができる．p 変数の場合も，分散共分散行列を Σ，固有ベクトルを $\boldsymbol{a}$ とすると2変数の場合と同様に，主成分を求めるには次の固有値問題を解けばよい．

$$\Sigma \boldsymbol{a} = \lambda \boldsymbol{a}$$

このとき，p 個の固有値 $(\lambda_1 > \cdots > \lambda_i > \cdots > \lambda_p)$ と，それに対応する固有ベクトル，つまり合成変数を求める式(3.13)のウェイト $a_{i1}, a_{i2}, \cdots, a_{ip}$ $(i=1, \cdots, p)$ が求まる．

また，各主成分 z_i はたがいに無相関で，第 i 主成分の寄与率は

$$\frac{\lambda_i}{\lambda_1 + \lambda_2 + \cdots + \lambda_p}$$

となる．もし第2主成分までの累積寄与率がある程度以上大きい場合には，各個体を z_1, z_2 の2次元平面上に配置して分類を行っても，p 個の変数すべてを

用いた場合の分類と大差ないと考えられる．この際に，各主成分がどのような意味を持つ合成変数であるかがわかれば，分析を進めるうえで非常に役に立つ．したがって，固有ベクトルを検討し，主成分の意味をできる限り解釈することが望ましい．

3.2.4 数量化理論Ⅲ類

2.1節で述べたように，文化現象を計量分析する際に用いるデータは必ずしも数値で示される量的データばかりではない．名義尺度・順序尺度で示される質的データが，現象の理解を進めるうえで重要な役割を果たす場合も多い．たとえば，文章の分析をする際に，文章の特徴は文の長さや品詞の出現率というような量的データでのみ表されるわけではない．男性的な文章，簡明な文章，テンポの早い文章，堅苦しい文章というような表現で文章の特徴が表されることもあるし，あるいは，色彩語としてどのような語が用いられているかというような情報でもって文章の特徴が表される場合もある．

このような，数量では表示できない質的データを用いて，前節の主成分分析と同じように個体の分類を行うために林知己夫氏によって開発されたのが数量化理論Ⅲ類（以下数量化Ⅲ類と略記）である．

本項では，次のような簡単な例を用いて数量化Ⅲ類の考え方を説明する．いま9編の文献（イ～リ）のなかに，たとえば，赤，青，黄というような8種類の色彩語（A～H）のどれが出現したかを，表3.6ようにまとめてみた．数量化Ⅲ類では，この例での文献のような分類の対象を個体と呼び，色彩語A，色彩語Bというような項目をカテゴリーと呼ぶ．この表のなかの∨印は，そ

表 3.6 反応パターン

文献	色 彩 語							
	A	B	C	D	E	F	G	H
イ			∨			∨		∨
ロ	∨			∨			∨	
ハ		∨		∨			∨	
ニ			∨	∨		∨		
ホ					∨			∨
ヘ	∨	∨					∨	
ト			∨	∨		∨		∨
チ		∨					∨	
リ			∨		∨			∨

の色彩語が文献中に出現したことを示しており，このとき，この文献はその色彩語に反応したという．そして，このような∨印の付き方のパターンを反応パターンと呼んでいる．

　数量化Ⅲ類は，この反応パターンの類似性から個体を，また反応のされ方の類似性からカテゴリーを同時に分類することを目的としている．

　たとえば表3.6のデータの場合には，出現する色彩語が似ている文献，似ていない文献というように，各個体のカテゴリーへの反応の仕方の類似性から個体を分類すると同時に，似ている文献に含まれる色彩語は似ている，つまり反応のされ方の類似性からカテゴリーを分類する．

　ところで，個体とカテゴリーの分類を同時に行うためには，表3.6の行と列の配列を変えて反応パターンの似た文献，つまり同じような色彩語の出てくる文献と，反応のされ方の似た色彩語を同時に集め，表3.7のような対角線上に最も∨印が集中している並び換えを作ればよい．

　しかしこの行と列の並び換えは，個体数 n やカテゴリー数 m が大きくなった場合，手で行うのは困難となる．そこで次のようにして，数学的に∨印が対角線上に集中するような行と列の並び換えを求める．

　そのためには，まず

$$\delta_{ij} = \begin{cases} 1 : \text{個体} i \text{がカテゴリー} j \text{に反応しているとき} \\ 0 : \text{個体} i \text{がカテゴリー} j \text{に反応していないとき} \end{cases}$$

なる関数を導入し，次に個体 i に数量 x_i を，カテゴリー j に数量 y_j を，式

表 3.7　反応パターンの行と列の並びかえ (1)

文献	色彩語							
	E	H	C	F	D	A	G	B
ホ	∨	∨						
リ	∨	∨	∨					
イ		∨	∨	∨				
ト			∨	∨	∨			
ニ				∨	∨			
ロ						∨	∨	
ハ						∨	∨	∨
ヘ						∨	∨	∨
チ							∨	∨

(3.19)で示される相関係数を最大にするように割当てればよい．

$$r=\frac{\frac{1}{N}\sum_{i=1}^{n}\sum_{j=1}^{m}\delta_{ij}x_iy_j-\left(\frac{1}{N}\sum_{i=1}^{n}\delta_{i.}x_i\right)\left(\frac{1}{N}\sum_{j=1}^{m}\delta_{.j}y_j\right)}{\sqrt{\frac{1}{N}\sum_{i=1}^{n}\delta_{i.}x_i^2-\left(\frac{1}{N}\sum_{i=1}^{n}\delta_{i.}x_i\right)^2}\sqrt{\frac{1}{N}\sum_{j=1}^{m}\delta_{.j}y_j^2-\left(\frac{1}{N}\sum_{j=1}^{m}\delta_{.j}y_j\right)^2}} \quad (3.19)$$

ここで

$$\delta_{.j}=\sum_{i=1}^{n}\delta_{ij}, \quad \delta_{i.}=\sum_{j=1}^{m}\delta_{ij}, \quad N=\sum_{j=1}^{m}\delta_{.j}=\sum_{i=1}^{n}\delta_{i.}=\sum_{i=1}^{n}\sum_{j=1}^{m}\delta_{ij}$$

この相関係数 r を最大にする x_i, y_j の値は，式(3.19)を x_i および y_j で偏微分した結果が0に等しいと置いた，以下の $(n+m)$ 本の式

$$\left.\begin{array}{l}\dfrac{\partial \gamma}{\partial x_i}=0 \quad (i=1,2,\cdots,n) \\[2mm] \dfrac{\partial \gamma}{\partial y_j}=0 \quad (j=1,2,\cdots,m)\end{array}\right\} \quad (3.20)$$

から求まる固有方程式を解くことによって得られる．

この固有方程式を解くと，最大 k 個（k は n と m の小さい方の数）の固有値が得られる．このなかで固有値が1となる最大の固有値を除いた $(k-1)$ 個の固有値に関し，それぞれ対応する固有ベクトルが求まるが，これらが n 個の個体に割り当てられる数量 $(x_1, x_2, \cdots, x_n)$ と，m 個のカテゴリーに割り当てられる数量 $(y_1, y_2, \cdots, y_m)$ である．

たとえば表3.6のデータの場合には，$k=8$ であるので7個の固有値が求まるが，その固有値に対応して，それぞれの個体に与える数量 $(x_1, x_2, \cdots, x_9)$ とカテゴリーに与える数量 $(y_1, y_2, \cdots, y_8)$ が求まる．このとき固有値の大きい順に（つまり相関係数の大きい順に）第1成分，第2成分，…と呼んでいる．

表3.8に，表3.6のデータに関して数量化III類で求めた，個体に割り当てられ数量とカテゴリーに割り当てられ数量を第5成分まで示した．第1成分に関して x_i, y_j の値の小さい方から大きい方に順に個体およびカテゴリーを並び換えると，先ほどの表3.7が得られる．

また，第2成分に関して x_i, y_j の大小順に個体およびカテゴリーを並び換えると次の表3.9が得られる．この表3.9は，表3.7を除くと対角線上に最も∨印が集中している表である．

文献を視覚的に分類するために，個体の第1成分の x_i の値を横軸にとり第

表 3.8 個体に与える数量とカテゴリーに与える数量

		第1成分	第2成分	第3成分	第4成分	第5成分
カテゴリー数量	A (y_1)	1.21710	−0.23771	2.69855	−1.50502	−0.23585
	B (y_2)	1.30291	−0.49871	−1.74936	−0.33704	−0.23060
	C (y_3)	−0.83807	0.66920	−0.22885	−0.54163	−1.71152
	D (y_4)	0.21661	0.90983	0.55465	1.96318	0.22503
	E (y_5)	−1.23529	−2.41916	0.36002	1.01306	−1.02723
	F (y_6)	−0.72441	1.44487	−0.33536	−0.72115	0.63654
	G (y_7)	1.22992	−0.31176	−0.22348	0.09073	0.20811
	H (y_8)	−1.03325	−0.64846	−0.06807	−0.47266	1.60548
個体数量	イ (x_1)	−0.92327	0.70349	−0.43762	−1.58528	0.85132
	ロ (x_2)	0.94742	0.17297	2.09697	0.50140	0.31661
	ハ (x_3)	0.97794	0.04769	−0.98157	1.56831	0.32503
	ニ (x_4)	−0.47871	1.45148	−0.00661	0.63979	−1.36400
	ホ (x_5)	−1.21033	−2.20869	0.30310	0.74047	1.39193
	ヘ (x_6)	1.33380	−0.50313	0.50229	−1.59978	−0.41458
	ト (x_7)	−0.63467	0.85516	−0.04030	0.15602	0.90933
	チ (x_8)	1.35135	−0.58354	−2.04820	−0.33749	−0.05414
	リ (x_9)	−1.10498	−1.15124	0.04368	−0.00112	−1.81867

表 3.9 反応パターンの行と列の並び換え (2)

文献	色彩語						
	E	H	B	G	A	C	D	F
ホ	∨	∨						
リ	∨	∨				∨		
チ			∨	∨				
ヘ			∨	∨	∨			
ハ			∨	∨			∨	
ロ				∨	∨		∨	
イ		∨				∨		∨
ト		∨				∨	∨	∨
ニ						∨	∨	∨

2成分の x_i の値を縦軸にとって各文献をプロットしたのが図3.7である.この図にはカテゴリーの第1成分の y_j の値を横軸にとり,第2成分の y_j の値を縦軸にとり色彩語もプロットしてある.9編の文献は大きく三つのグループ(ホ,リ),(イ,ト,ニ),(ロ,ハ,ヘ,チ)に分類できそうである.また,文献のホ,リの近くに色彩語E,Hが位置していることからこの二つの文献には色彩語E,Hが出現し,その意味で似ていることがわかる.通常,数量化III類でデ

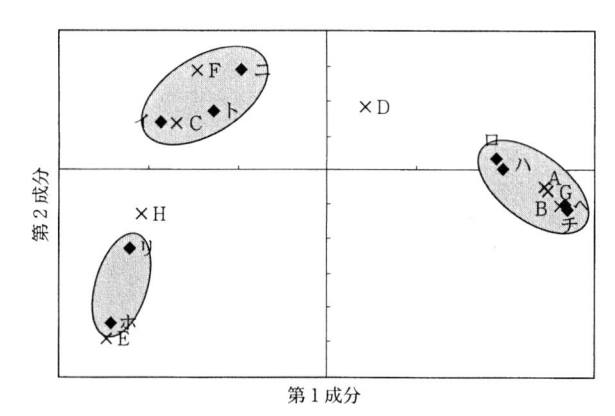

図 3.7 個体とカテゴリーの数量化Ⅲ類による散布図
(第1成分,第2成分,◆:文献,×:色彩語)

ータを分析する場合には,図3.7のような図を用いて個体の分類を行う.

数量化Ⅲ類の分析の対象となるデータは,表3.6のような反応パターンの型で表される場合が多いが,分割表(クロス集計表)の型で表されるデータの場合でも,同じようにして分析が可能である.

3.2.5 クラスター分析

クラスター分析も,主成分分析や数量化Ⅲ類と同様に個体を分類するのに用いられる方法である.クラスター分析では,似ている個体を順次まとめクラスター(グループ)を作っていくことで個体の分類を行う.クラスターの構成方法を簡単な例で説明する.

いま,8個の土器(以後個体と呼ぶことにする)が表3.10のように二つの

表 3.10 8個の個体データ

	X	Y
①	1.3	1.0
②	2.6	1.6
③	2.3	3.2
④	1.6	6.4
⑤	1.8	5.8
⑥	5.5	5.2
⑦	5.4	5.6
⑧	5.7	4.6

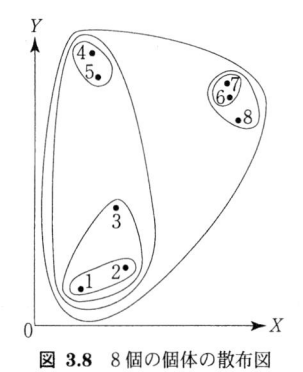

図 3.8 8個の個体の散布図

変数 X, Y の値で特徴づけられているとする．図3.8は，この8個の個体を X-Y 平面上にプロットしたものである．この図を用いてクラスターが構成されていく様子を説明する．

まず，分析の最初のステップでは，8個の個体がそれぞれ一つのクラスターを構成しているとみなす．したがって，ステップ1ではクラスターの数は8である．

{①}, {②}, {③}, {④}, {⑤}, {⑥}, {⑦}, {⑧}

次に，この8個のクラスターを比較して，類似しているクラスターを順次合併し，次第に大きなクラスターを構成することを考える．そのためにはクラスターの似ている度合いを何らかの形で評価することが必要となる．ここではクラスター間の位置が近いほど，つまりクラスター間の距離が短いほどクラスターは類似しているとみなすことにする．そこでまず，この8個のクラスター間の距離を計算する（距離の定義は後述するように数種類あるが，ここではユークリッド距離を用いることにする）．さて距離を計算してみると，クラスター {⑥} と {⑦} の間の距離が最小であったので，クラスター {⑥} と {⑦} が一番類似しているとして，この二つをまとめて一つのクラスターとする．したがって，ステップ2では，クラスターは次の7個となる．

{①}, {②}, {③}, {④}, {⑤}, {⑥,⑦}, {⑧}

同様にして，次にこの7個のクラスター間の距離を計算し，一番距離の短い二つのクラスターを似ているとして両者を合併して一つのクラスターにする，というように，以後クラスターを順次1個ずつ合併し，以下に示すようにクラスターが1個になるまでこの手続きを続ける．

	クラスターが合併されたときの最小距離
ステップ1： {①}, {②}, {③}, {④}, {⑤}, {⑥}, {⑦}, {⑧}	0
ステップ2： {①}, {②}, {③}, {④}, {⑤}, {⑥,⑦}, {⑧}	0.41
ステップ3： {①}, {②}, {③}, {④,⑤}, {⑥,⑦}, {⑧}	0.63
ステップ4： {①}, {②}, {③}, {④,⑤}, {⑥,⑦,⑧}	0.63
ステップ5： {①,②}, {③}, {④,⑤}, {⑥,⑦,⑧}	1.43
ステップ6： {①,②,③}, {④,⑤}, {⑥,⑦,⑧}	1.63
ステップ7： {①,②,③,④,⑤}, {⑥,⑦,⑧}	2.65
ステップ8： {①,②,③,④,⑤,⑥,⑦,⑧}	3.61

ところでこのようにして，クラスターの合併を行っていく際に，クラスター間の距離をどのようにして定めるかということが問題となる．二つのクラスターが，それぞれ1個の個体より成り立っている場合には，二つの個体間の距離を求め，これをクラスター間の距離とすればよい．しかし，たとえば，クラスター $\{⑥,⑦\}$ のように，クラスターが複数個の個体からなっている場合には，何らかの方法でクラスターの代表点を定め，その代表点間の距離をクラスター間の距離と定義する必要がある．

クラスターの代表点の決め方も後でいくつか示すが，ここでは，二つのクラスターから取り出した任意の個体の組み合わせについて距離を求め，その組み合わせのなかで距離の最も短い二つの個体をそれぞれのクラスターを代表させる点とする方法を用いた．この方法では，たとえば，クラスター $\{④,⑤\}$ とクラスター $\{⑥,⑦\}$ 間の距離を求める場合には，個体 ④ と ⑥，④ と ⑦，⑤ と ⑥，⑤ と ⑦ の間の距離が，それぞれ $3.6, 3.9, 3.1, 3.3$ であるので，⑤ と ⑥ の間の距離が最も短い．したがって，クラスター $\{④,⑤\}$ の代表点は ⑤，クラスター $\{⑥,⑦\}$ の代表点は ⑥ となり，また，クラスター $\{④,⑤\}$ とクラスター $\{⑥,⑦\}$ の間の距離は 3.1 となる．

クラスターが合併されていく様子を，距離を縦軸にとって描いたのが図 3.9 のデンドログラムである．デンドログラムをある高さで切断することによって，個体の分類を行うことができる．たとえば，図 3.9 の距離 2 の高さ（破

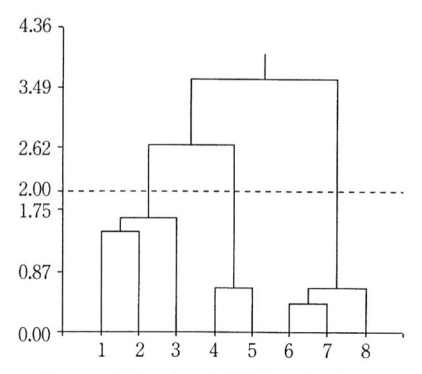

図 3.9 クラスター分析結果のデンドログラム（ユークリッド距離，最短距離法）

線）のところでデンドログラムを切断すると，8個の個体は {①,②,③}, {④, ⑤}, {⑥,⑦,⑧} の三つのクラスターに分類されることになる．

次に問題をもう少し一般化して，n個の個体を$x_1, \cdots, x_m$のm個の変数の情報を用いて分類する場合について考える．いま，個体iのk番目の変数の値をx_{ik} ($i=1, \cdots, n$, $k=1, \cdots, m$) とする．このとき，各個体はm次元空間の点として表すことができる．さて個体間（クラスター間）の距離が近いほど類似していると考えて分類を行う場合に，距離をどのように定義するかがまず問題となる．そこで，次に距離の定義をいくつか示す．ただどのような場合にどの距離を用いたら分類がうまくいくかは明確ではない．

いま個体iと個体jの距離とすると，

1) 市街地距離

$$d_{ij} = \sum_{k=1}^{m} |x_{ik} - x_{jk}|$$

2) ユークリッド距離

$$d_{ij} = \sqrt{\sum_{k=1}^{m} (x_{ik} - x_{jk})^2}$$

$m=2$の場合が我々が日常生活で用いる距離である．このユークリッド距離は各変数の値のバラツキが同程度の場合には問題ないが，変数によってバラツキが大きく異なる場合には，バラツキの大きい変数ほど距離の決定に大きく影響するので注意が必要である．ユークリッド距離を2乗したものを平方ユークリッド距離という．

3) 標準化ユークリッド距離　　バラツキの大きい変数ほど距離の決定に大きく影響するというユークリッド距離の問題点を解決するために，各変数の分散S^2の逆数で重みづけした距離で，

$$d_{ij} = \sqrt{\sum_{k=1}^{m} \frac{(x_{ik} - x_{jk})^2}{S_k^2}}$$

で定義される．ただし

$$S_k^2 = \frac{\sum_{i=1}^{n} (x_{ik} - \bar{x}_k)^2}{n}, \quad \bar{x}_k = \frac{\sum_{i=1}^{n} x_{ik}}{n}$$

である．標準化ユークリッド距離を2乗したものを標準化平方ユークリッド距離という．

4) マハラノビスの距離　マハラノビスの距離は

$$d_{ij}=\sum_{l=1}^{m}\sum_{k=1}^{m}(x_{il}-x_{jl})s^{lk}(x_{ik}-x_{jk})$$

で定義される．ここで s^{lk} は次の式から求まる分散共分散行列 s_{lk} の逆行列 (l,k) 要素である．

$$s_{lk}=\frac{1}{n}\sum_{i=1}^{n}(x_{il}-\bar{x}_l)(x_{ik}-\bar{x}_k)$$

5) ミンコフスキーの距離　ミンコフスキーの距離は次の式で定義されるが，$r=1$ の場合が市街地距離で，$r=2$ の場合はユークリッド距離となる．

$$d_{ij}=\left\{\sum_{k=1}^{m}|x_{ik}-x_{jk}|^r\right\}^{1/r}$$

さて次に問題となるのは，クラスター間の距離をどのようにして定義するかということである．二つのクラスターのいずれもが1個の個体しか含んでいない場合には，個体間の距離をもってクラスター間の距離とすればよいが，クラスターが複数個の個体を含んでいる場合には，クラスター間の距離をどのように決めるのか，言い換えるとクラスターの代表点をどのようにして定めるかが問題となる．これに関しても，いくつかの方法が考えられている．

ⅰ）最短距離法 (nearest neighbor method)　前述の例で示したように二つのクラスターのそれぞれから取り出した任意の個体の組み合わせのなかで，距離が最小となる二つの個体をそれぞれのクラスターを代表させる点とする方法である．この方法は計算が容易であるが，一般に分類の感度が悪く，鎖効果 (chain effect) といわれる長い帯状のクラスターができやすい．

ⅱ）最長距離法 (furthest neighbor method)　最短距離法とは反対に，二つのクラスターのそれぞれから取り出した任意の個体の組み合わせのなかで，距離が最大となる二つの個体を，それぞれのクラスターを代表させる点とする方法であり，分類感度は比較的よいといわれている．

ⅲ）群平均法 (group average method)　二つのクラスターのそれぞれから取り出した固体のすべての組み合わせの距離の平均値をクラスター間の距離と定義する方法で，最短距離法と最長距離法の中間の性質を持つ．

ⅳ）重心法 (centroid method)　クラスターに含まれる個体の情報から，クラスターの重心（クラスターに含まれる個体の平均値）を求め，これら

をクラスターの代表点とし，この二つのクラスターの重心間の距離をクラスター間の距離と定義する方法である．この方法では合併されたクラスター間の距離が必ずしも単調に増加しないので，場合によってはデンドログラムにおいて枝が逆向きに伸びてしまうという欠点がある．

 v) ウォード法 (ward method)　二つのクラスターを合併した場合には，クラスター内の個体の変動は合併する前の二つのクラスターのそれぞれの変動の和より増加するが，この変動の増加分を，クラスター間の距離と定義する方法である．最小分散法 (minimum variance method) とも呼ばれる．

 このようなクラスターの代表点のとり方 i) ～ v) と前述の距離の定義の仕方 1)～4) との組み合わせで，いく通りものクラスター分析結果が得られる．

コラム 3:　『源氏物語』54 巻の顔

　『源氏物語』の各巻における助動詞の出現率のデータを用い，54 巻の顔を右頁のように描いてみた（顔の左上の数字は巻数を示す）．用いたのは出現頻度の多い「ず」,「む」,「たり」,「けり」,「なり」,「り」,「ぬ」,「き」の 8 語の各巻における出現率である．顔型グラフでは，用いた助動詞の出現率が同じような巻は同じような顔となる．

　さて，54 巻の顔をながめてみよう．（巻 34）「若菜上」と（巻 35）「若菜下」は内容からして，続けて書かれたと考えてよいであろう．したがって，当然助動詞の出現率も似ると思われるが，実際描かれた顔はほぼ似たものとなっている．このように，連続して書かれた巻は顔が似てくると思われるので，これらの顔から 54 巻の成立順序に関して，ヒントが得られる可能性がある．ただし実際に，この 8 種類の助動詞だけで成立順序を推定するには，情報は十分ではないのだが，読者の方もこの顔型グラフをながめて成立順序を推しはかってみてはいかが…．

図 3.10 『源氏物語』54 巻の顔型グラフ

4

文 を 計 る

4.1 計量文献学

4.1.1 文献研究の新たなパラダイム

　人類の貴重な文化遺産として引き継がれてきた文学作品，哲学書，歴史書，宗教書などの著作物のなかには，著者や成立時期などが不明であったり，疑問が持たれているため，当該分野の研究の障害となっているものが数多くみられる．

　これまで，文学，哲学，歴史学，政治学，宗教学などの人文学の諸領域における文献研究では，記述内容の解釈や検討，成立に関する歴史的事実の考証から，このような疑問の解決が試みられてきた．しかし多くの研究者の努力にもかかわらず，文献によっては，従来の研究方法だけでは解決されずに残っているものもある．このような文献に関する未解決の問題の解明には，これまでの研究方法とは異なった視点からの研究が必要となる．

　ところで哲学者の梅原　猛氏は，

「文体は思想の表現である．mなる文体をAの人が使うことは，その人間の内的思想がmなる文体によって表されることを意味している．したがって，文体を統計的手法によって研究することにより，その文章mの著者，およびその出来た年代をほぼ決定することができる．」

と述べている（梅原，1985）．

　梅原氏が述べているような，文章（文体）の特徴を数値で表現し，その計量分析に基づいて文献の著者や，文献の書かれた年代，さらには著者の思想の変化などを検討しようとする研究方法（計量文献学）もその一つといえよう（村

上，1994）．このような文章計量分析に基づく文献研究では，研究の対象は文章の数量的特徴であって記述内容そのものではない．そのため，内容の検討なしに問題を解決できるはずがない，という文献研究者からの批判もある．しかしながら，この章で紹介する研究のように，記述内容の検討からでは解決できなかった文献にかかわる問題に対して，計量的手法は問題解決のための新たな糸口を与えてきた．もちろん，このような文献の研究方法は歴史も浅く，また研究例もなお少ないため，方法論自体検討すべき課題を多く含んでいることは確かである．しかし，文献研究のための新たなパラダイムとなることもまた確かである．

4.1.2 計量的文献研究小史

文献の数量的な性質に対する人々の興味は，かなり古い時代から認められ，中世には『旧約聖書』の索引作りの一環として，聖書各巻の文字数，語数などが調べられていたといわれる．しかし，本格的な研究が始まるのは20世紀に入ってからである．

1851年に数学者のド・モルガンが，文に用いられる単語の長さの平均値に著者の特徴が現れるのではないかと示唆した（De Morgan, S.E., 1882）．この考えにヒントを得たオハイオ州立大学のメンデンフォールは，「シェイクスピア＝ベーコン説」（『ハムレット』，『リア王』，『オセロ』，『マクベス』などのシェイクスピア作とされる戯曲を書いたのは，実は哲学者で政治家であったフランシス・ベーコンであるという説）の信憑性を調べるため，シェイクスピアとベーコンの著作に現れる単語の長さを調べ比較・検討した．そしてシェイクスピアの文章には4文字からなる単語が一番多く出現するが，ベーコンの文章では3文字からなる単語が一番多いという調査結果に基づき，1901年に上記「シェイクスピア＝ベーコン説」を否定する論文を発表した（Mendenhall, T. C., 1901）．

この研究に触発され，文学，哲学，宗教学，歴史学，政治学などの領域の重要な著作に関する計量分析の研究が開始された．

1939年，統計学者のユールは文の長さの平均値などの分析から，それまで著者に関して疑問が持たれていた『キリストにならいて』という書物に関して，聖アグネス修道院の副院長であったトマス・ア・ケンピスが著者であると推定した研究発表をしている（Yule, G.U., 1939）．ユールは1944年にも，語

彙の豊富さを示すK特性値と呼ばれる彼自身が提案した統計量を用いて，再度『キリストにならいて』の著者の推定を行い，先の文の長さを用いた研究と同じ結果を得ている（Yule, G.U., 1944）．

1957年にはウェイクが文の長さの平均値などを分析し，プラトンの『第7書簡』偽書説を否定している（Wake, W.C., 1957）．

これらの諸研究は，文献に現れる単語や文の長さの比較が中心であったが，1960年代に入ると，統計的推定法や検定法を利用した研究が行われるようになる．

1962年にエレガードは，単語の出現率の区間推定によって『ジュニアス・レター』と呼ばれる，1768年から1772年にかけてロンドンの新聞に掲載された偽名による政府批判の公開状の執筆者の推定を行っている（Ellegård, A.A., 1962）．

1963年に，ブリネガーは単語の長さの分布に注目し，統計的検定法を用いて，1861年にニューオリンズの新聞に偽名で掲載されたQ.C.S.レターと呼ばれる南北戦争に関する冒険談の著者が，『トム・ソーヤの冒険』などの著者として知られるマーク・トウェインであるという説を否定している（Brinegar, C.S., 1963）．

また1965年にモートンは，単語の出現率を統計的仮説検定法で分析して，『新約聖書』のなかのパウロの手になるとされる14通の書簡（「パウロの書簡」と呼ばれている）は，少なくとも7人の手によって書かれているという研究を発表している（Morton, A.G., 1965）．

1960年代からはコンピュータを利用した研究も行われるようになった．

1963年モステラーとワルラスは，コンピュータで単語の出現率を求め，判別関数，尤度比などを用い，米国憲法の権威ある解説書として知られる『連邦主義者（Federalist Papers）』という論説集のなかの執筆者に関し疑問が出ていた12編の論説の著者は，米国第4代大統領のマディソンである可能性が高いとする研究を発表している（Mosteller, F. & Wallace, D.L., 1963）．

また1978年には，北欧の研究者グループがコンピュータで15万語の単語を分析し，ショーロホフのノーベル賞受賞作『静かなるドン』は若くして死んだコサック人の作家の作品からの盗作だという説を否定している（Kjetsaa, G., *et al.*, 1981）．

4.1 計量文献学

日本における文献の計量分析は，1957年の安本美典氏の『源氏物語』の研究が最初である（安本，1957）．この研究では『源氏物語』の各巻の

① 巻の長さ，　　　② 和歌の使用度，　　③ 直喩の使用度
④ 声喩の使用度，　⑤ 心理描写の数，　　⑥ 文の長さ
⑦ 色彩語の使用度，⑧ 名詞の使用度，　　⑨ 用言の使用度
⑩ 助詞の使用度，　⑪ 助動詞の使用度，　⑫ 品詞数

が調べられ，統計的仮説検定法の結果，「宇治十帖」と呼ばれる『源氏物語』のなかの後半の10巻の執筆者が紫式部である可能性は少ないという結果を得ている．まだデータベースはおろかコンピュータも使用できない時代であったため，データの①は『定本源氏物語』（明治書院）のページ数で測り，②〜⑦は1ページあたりの数，⑧〜⑫は1千字あたりの数というように，簡単に計測できるものを用いている．そのため，データの精度という点で多少問題が残るが，これは最新の科学技術の所産に頼れなかった当時の状況を考えるといたしかたないことであった．安本氏はデータの精度を考慮して，これらの数値をそのまま用いるのではなく，これらの数値に基づいて各巻に順位をつけ，安定度の高い順序尺度のデータに変換し検定を行っている（安本，1957）．

この『源氏物語』については，著者達もコンピュータを用いて計量分析を進めており，その一部を4.3節で紹介する．

また，芸事の秘伝を記したいわゆる「伝書」についても計量分析が試みられた．伝書は，転写されていくにつれて異本がいくつも派生していく．矢野 環氏は，そのなかでも複雑すぎて十分に分析されてこなかった座敷飾りの伝書『君台観左右帳記（くんだいかんそうじょうき）』の写本群の近親関係に数量化III類，IV類を適用し，転写本の成立の前後関係を推定している（矢野，1999）．

著者らは1992年，約17万語の日蓮遺文のデータベースを構築し，日蓮の『三大祕法稟承事』と呼ばれる文献をはじめとする5編の文献の真贋判定を行った．この研究では，コンピュータを用いて，(1) 出現単語に関する情報，(2) 文長，単語長，品詞出現率などの文の構造に関する情報，(3) 日蓮の文章の経年変化，という3種類の異なる情報を，クラスター分析，主成分分析，回帰分析などの多変量解析の諸手法で分析し，『三大祕法稟承事』およびもう1編の文献の著者は日蓮である可能性が高いが，残りの3編は贋作である可能性が高いという結果を得ている（伊藤・村上，1992）．なおこの研究の概略につ

いては，4.4節で紹介する．

4.2 現代文の計量分析

4.2.1 文は人なり

言語学者のピエール・ギロー（Pierre Guiraud）が「文は人なり（Le style, c'est l'homme memê）」と述べているように（ギロー，P., 1959），人ごとに文体は異なり，それぞれ特徴があると考えられる．

文章の計量的研究では，この書き手の文体の特徴を数量的に把握することを試みる．しかし，実際に書き手の文体の特徴がどのような所に現れるかを見出し，その特徴を数量化することは，思っているほど簡単なことではない．試みに次の3人の文章でみてみよう（谷，1969；林，1970；牧，1970）．

「一九二〇年の夏のある午後だった．北米オハイオ州の大都会のクリイヴランドの町を，一仕事すました軽い心で私は電車を駆（か）っていた．そのころ私は聖（セント）クレア街の一建築事務所に，夏休みを利用して働いていたのだ．午後の小憩（オフ）に安い昼寄席（マチネー）でも見に行く途中だったと覚えている．」

谷 譲次『テキサス無宿』

「さっきの雷鳴で，雨は，カラッと霽（は）れた．

　往来の水たまりに星がうつっている．いつもなら，爪紅（つまべに）さした品川女郎衆の，素あしなまめかしいよい闇だけれど．

　今宵は．

　問屋場の油障子（あぶらしょうじ）に，ぱっとあかく灯が映えて，右往左往する人かげ．」

林 不忘『丹下左膳』

「眼が外側へ向いているために，人間は自分よりさきにまわりの物ごとに気がつくんだが，これは個体としての赤ん坊もそうだし，進化史的に観（み）た人類の先祖もその認識の過程においてまったくおなじであったろうと思われる．つまり人間の智識は，はじめて網膜（もうまく）にうつった外界の物質から受ける驚異に出発している．」

牧 逸馬『第七の天』

文芸評論家の尾崎秀樹氏は，『テキサス無宿』の解説のなかで次のように述べている．

「谷 譲次の作品は，林 不忘の文体ともちがい，また牧 逸馬とも異なっている．五木寛之の『さらばモスクワ愚連隊』を思わせるようなリズム感が，やや奔放な文体の駆使によって紙面いっぱいに溢れている.」

「リズム感」とか，「奔放な文体」というような感性的な評価は人によって異なるであろうし，またその妥当性の検証もむずかしい．しかし，牧 逸馬の文は長く，林 不忘の文は短いといった程度のことは，これだけの分量からもなんとなく予想できる．しかし，このような点をもって書き手の文体の特徴とみなしてよいのであろうか．

この場合には，答えは「否」である．ではなぜ「否」と断言できるのか．その理由は単純明解で，この3人の作家が実は同じ人物であるからである．

昭和初期の流行作家，長谷川海太郎 (1900-1935) は，谷 譲次のペンネームで『テキサス無宿』などのメリケン物と呼ばれる小説を，林 不忘のペンネームで『丹下左膳』などの時代物の小説を，牧 逸馬のペンネームで『第七の天』などのミステリー物の小説を書いた．したがって，前述のような林 不忘や牧 逸馬の文体と異なり谷 譲次の文体の特徴と思われたものは，長谷川海太郎の文体の特徴ではないということになる（注：尾崎氏は，林，牧，谷の3人が同一人物であることを承知のうえで評論している）．

この一人三人作家といわれた長谷川海太郎の例からわかるように，書き手は自分の文章を意図的に変えることがある．また，贋作者がするように，別の人物の文章を模倣することもある．さらに，書き手は意識していなくとも，年齢とともに文体が徐々に変わっていくということも考えられる．したがって，何が書き手の文体の特徴なのかを知ることは簡単なことではない．

4.2.2 読点の付け方にみる書き手の特徴

書き手の文体の特徴は，無意識に書くところに現れやすい．そこで，現代文において，書き手がほぼ無意識に付けているであろう読点 (，) に注目してみる．

読点とは，文の切れや続きを明確にするためにつけるものである．多くの人はどのような言葉を用いるかに関して推敲を重ねることはあっても，読点にまでは注意を払わず，なかば無意識に付けていると考えられる．そこで，読点がどのような文字の後に付けられるのかを，表4.1に示した4人の作家（井上靖，中島 敦，三島由紀夫，谷崎潤一郎）の9編の作品について調べてみた．

表 4.1 分析に用いた作品と作家

作品の記号	作品名	作　家	発表年
I 1	愛	井上 靖	1950～1951
I 2	青衣の人	井上 靖	1952
N	李陵・山月記	中島 敦	1942～1944
M 1	潮騒	三島由紀夫	1954
M 2	盗賊	三島由紀夫	1948
M 3	絹と明察	三島由紀夫	1964
T 1	春琴抄・吉野葛	谷崎潤一郎	1930～1933
T 2	青春物語	谷崎潤一郎	1932～1933
T 3	痴人の愛	谷崎潤一郎	1923～1924

表 4.2 読点の前の文字の比率（％）

作家および作品の記号	井上 靖		中島 敦	三島由紀夫			谷崎潤一郎		
変数	I 1	I 2	N	M 1	M 2	M 3	T 1	T 2	T 3
と (x_1)	13.0567	11.3253	5.3522	6.1671	7.2317	3.7432	8.3700	7.1634	11.8190
て (x_2)	12.6297	11.8795	9.6066	14.8322	10.0415	13.3811	10.8244	11.3203	13.5385
は (x_3)	12.4466	12.9157	12.0311	14.1296	11.1930	11.7544	9.9434	9.2288	7.7285
が (x_4)	10.6162	13.5422	10.0640	10.1874	11.1930	10.8448	9.8804	13.5163	7.7647
で (x_5)	6.8944	6.0964	3.5224	7.4551	7.2317	7.1191	6.1045	8.2876	8.2896
に (x_6)	5.5522	6.8916	6.8161	9.6409	10.2718	8.6934	5.2234	4.0523	5.1403
ら (x_7)	3.5387	4.2410	3.5224	4.1764	3.9613	4.2855	5.0975	5.0458	6.6968
も (x_8)	3.4777	3.8795	4.8490	2.8103	4.4219	2.4838	5.7269	5.6471	3.2217
し (x_9)	3.3557	2.0723	5.1693	2.1077	1.7964	2.5013	2.2026	2.8235	1.2851
を (x_{10})	2.3795	2.7952	1.2351	3.2397	4.7444	3.5508	1.2587	0.7843	1.2489
り (x_{11})	2.1354	2.3614	3.4767	3.6690	3.1322	3.9706	3.9018	2.9804	4.1086
の (x_{12})	1.8914	0.6747	0.2287	0.4684	1.7503	1.7667	1.2587	0.9412	1.7557
く (x_{13})	1.7694	2.1205	2.6990	1.7564	1.0594	1.7842	2.7061	3.0588	3.2036
時 (x_{14})	1.6473	2.4578	2.9735	0.0000	1.3358	0.1050	0.5664	0.6275	0.2715
か (x_{15})	1.5253	2.2892	1.1436	0.6245	1.2437	0.8046	1.6362	1.4902	2.6968
ば (x_{16})	1.1592	1.0602	2.7447	0.7416	0.7830	0.6297	1.2587	1.5425	0.6697
た (x_{17})	1.0982	1.5422	0.2745	0.5464	0.5988	0.4373	0.8181	0.9412	0.8145
い (x_{18})	0.9152	0.4096	1.0979	1.0929	0.7370	1.3644	2.2026	2.3529	1.7919
後 (x_{19})	0.0610	0.1205	1.6011	0.0781	0.1382	0.1574	0.0629	0.2353	0.1991
ず (x_{20})	0.6101	0.5542	1.4639	0.9368	0.9212	1.2594	0.3147	0.9935	0.7602
れ (x_{21})	0.6101	0.5542	1.2809	2.1468	1.3819	1.8191	1.0699	1.0719	0.5249
き (x_{22})	0.5491	0.3373	0.6404	1.9516	1.0134	2.3614	1.0069	0.7582	0.5792
る (x_{23})	0.5491	0.2410	0.2287	0.1952	0.4606	0.4023	0.9440	1.5163	0.9050
え (x_{24})	0.3051	0.3133	0.6404	1.1319	0.6449	0.7172	0.6293	0.5229	0.4344
う (x_{25})	0.3661	0.2169	0.2287	0.1171	0.2764	0.3498	0.5664	0.6013	0.6335
その他 (x_{26})	10.8603	9.1084	17.1089	9.7970	12.4367	13.7135	16.4254	12.4967	13.9186

4.2 現代文の計量分析

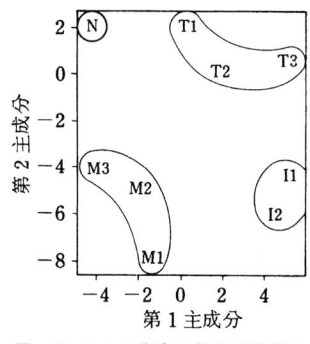

図 4.1 4人の作家の作品の読点の付け方の主成分分析結果（分散・共分散行列）

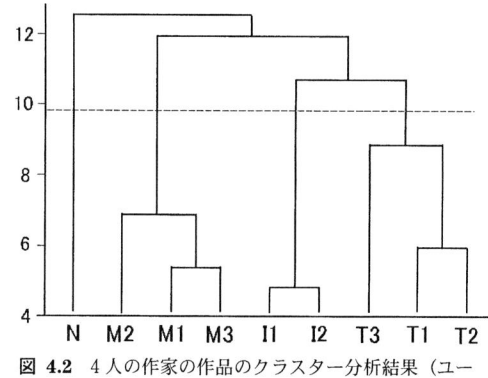

図 4.2 4人の作家の作品のクラスター分析結果（ユークリッド距離，最長距離法）

　表4.2は，4人の作家の文章における読点の前の文字の割合（分母は読点の総数）である．表4.2をみると，
・井上は読点の前の文字が「と」である割合が高い．
・中島は「て」，「で」である割合が低く，「し」である割合が高い．
・三島は読点の前の文字が「に」，「を」である割合が高い．
・谷崎は「は」である割合が低く，「ら」である割合が高い．
というようなことがわかる．このような読点の前の文字の割合の情報で，4人の作家の作品が分類できるであろうか．そこで表4.2に示した9作品の読点の前の文字の割合のデータを，主成分分析（3.2.3項参照）とクラスター分析（3.2.5項参照）で分析してみた．

　図4.1は主成分分析の結果で，9編の作品が2次元平面上に分析結果に基づき配置されている．この図では，読点の前の文字の割合が全体として似ている．つまり読点の付け方が似ている作品ほど近くに位置するようになっている．またこの分析結果をより明瞭にするため，4人の作家の作品が位置する範囲を曲線で囲んである．こうしてみると，同一作家の作品は近くに位置し，異なる作家は離れた位置にあることが読みとれ，作家によって読点の付け方に特徴があることがわかる．

　図4.2は同じデータをクラスター分析（ユークリッド距離，クラスターの結合法は最長距離法）で分析した結果のデンドログラムである．クラスター分析は，似ている個体，似ているクラスター（グループ）を順次まとめて次第に大

表 4.3　分析に用いた作品と作家

作品の記号	作家	作品名	発表年
IK	井上 靖	結婚記念日	1951
II	〃	石庭	1950
IS	〃	死と恋と波	1950
NS	中島 敦	山月記	1942
NM	〃	名人伝	1942
ND	〃	弟子	1943
NR	〃	李陵	1944
HH	林 不忘	早耳三次捕物聞書	1928
HT	〃	丹下左膳	1933
MD	牧 逸馬	第七の天	1928
MS	〃	神変美容術師	1933
TH	谷 譲次	白夜幻想	1928
TK	〃	空気になった男	1934
TS	〃	私刑物語	1934

きなクラスターを作ることによって個体の分類を行う手法である（3.2.5項参照）．この読点の問題では，作品が個体であり，読点の付け方の似ている作品を順次まとめてクラスターが作られていく様子がデンドログラムに示されている．デンドログラムの縦軸は作品間の距離で，距離が小さいほど，つまり縦軸の値の小さいところで結びついた作品ほど，読点の付け方が似ていることになる．さて点線の位置でデンドログラムを切断してみると，9編の作品は作家ごとにまとまり，四つのクラスターに分けられることがわかる．

次に4.1節で紹介した一人三人作家といわれた長谷川海太郎の三つのペンネームである，谷 譲次（3編），林 不忘（2編），牧 逸馬（2編）の作品と，中島 敦（4編），井上 靖（3編）の計14編の作品（表4.3）に関して，読点の前の文字の割合を求め，同じように主成分分析とクラスター分析で分類を試みた．

主成分分析で14編の作品を3次元空間に配置したのが図4.3である．この図をみると，14編の作品は，井上，中島，長谷川（谷，林，牧）の作家ごとにまとまっている．また図4.4はクラスター分析（市街地距離，クラスターの結合法は最長距離法）の結果であるが，クラスター分析でも14編の作品が四つのクラスターに大きく分類されている．

長谷川海太郎はペンネームごとに文体を変えようと努力し，文芸評論家の尾

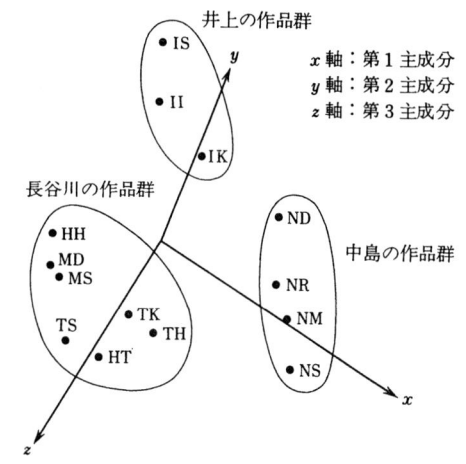

図 4.3 3人の作家の読点の付け方の主成分分析結果（分散・共分散行列）

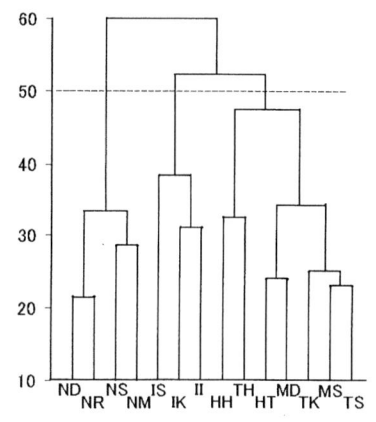

図 4.4 3人の作家の作品のクラスター分析結果（市街地距離, 最長距離法）

崎秀樹氏の評論にもあるように，一見それが成功しているようにも思える．しかし，この異なる二つの方法の分析結果からわかるように，実際には読点の付け方にまでは注意が行き届かず，どのペンネームの作品においても，読点の付け方がほぼ同じになっていることがわかる．

　日本語の読点の付け方には特に規則があるわけではない．書き手は，文章を

読みやすくするため，ほぼ無意識に，まるでリズムをとるように読点を付けているのではないだろうか．もし書き手が無意識に文章のリズムをとっているとすれば，そこに個性が現れることは十分考えられる．実際，ここで示した分析例はそれを十分示唆している．

4.2.3　川端康成の小説における読点の付け方の変化

　書き手の文体の特徴は必ずしも不変ではなく，変化する場合もある．もし，そのような文体の特徴の変化の原因が，書き手の思想・心理や人生観に関係があるとすれば，文体の特徴の変化を見出すことで，書き手の心の在り様を探求するための新しい道が拓ける．

　前節の分析から知られるように，読点の付け方は書き手の文体の一つの特徴と考えてよいと思われる．したがって，読点の付け方も人によっては，また変化する可能性がある．

　ノーベル賞作家の川端康成の文体はある時期から変化したといわれる．羽鳥徹哉氏によると，文体は文の長さや描写法などでみることが多く，川端の場合には，従来は『山の音』という作品の後の，『みづうみ』という作品から作風が大きく変わったとされているという（村上・古瀬，2001；朝日新聞，2001）．

　そこで，川端康成の小説において文体（作風）が変化したのかどうか，またそれは昭和29年初出の『みづうみ』からなのかどうかを，読点の付け方の観点から調べてみる．分析に用いた川端の作品は，表4.4に示した川端の初期の作品から晩年の作品までの8編である．

　図4.5は，戦前の作品の『伊豆の踊子』，『雪国』と，戦後の作品『山の音』，『みづうみ』の文章における，読点の前の文字が「と」である割合と，「し」である割合をグラフに表したものである．

　読点の前が「と」の文字である割合は，戦前の作品は高く（『伊豆の踊子』15.3%，『雪国』17.5%），戦後の作品は低い（『山の音』9.3%，『みづうみ』9.3%）．逆に，読点の前が「し」の文字である割合は，戦前の作品は低く（『伊豆の踊子』2.8%，『雪国』1.7%），戦後の作品は高い（『山の音』3.9%，『みづうみ』3.7%）．

　このように，読点の前の文字が「と」と「し」である割合は，戦前の作品と戦後の作品では異なっている．このことからみて，『みづうみ』から読点の付け方が変わったというより，さらにさかのぼって昭和20年前後を境として変

表 4.4 分析に用いた川端作品と初出時期

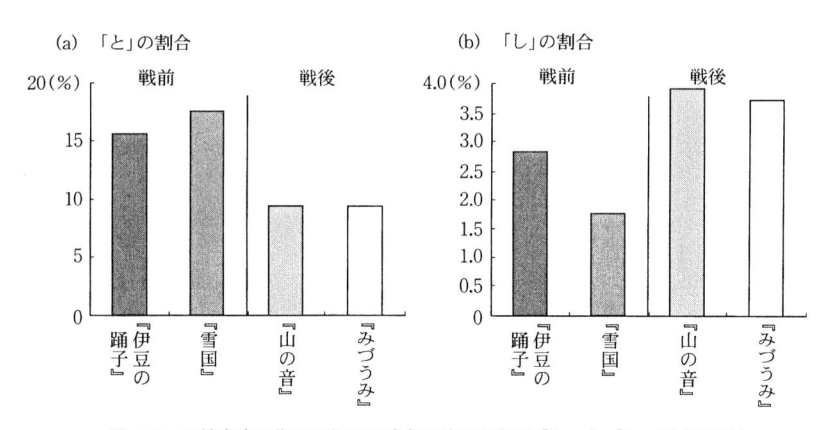

戦　前			戦　後		
作品名	初　出	図4.6での表示	作品名	初　出	図4.6での表示
伊豆の踊子	大正15年1月,2月		山の音		
虹	昭和9年3月〜11年4月		①「山の音」	昭和22年9月	1
雪国			②「日まはり」後に「蝉の羽」	昭和24年10月	2
①「夕景色の鏡」	昭和10年1月		③「雲の炎」	昭和24年10月	3
②「白い朝の鏡」	昭和10年1月		④「栗の実」	昭和24年12月	4
③「物語」	昭和10年11月	S10	⑤「島の夢」	昭和25年4月	5
④「徒労」	昭和10年12月		⑥「冬の桜」	昭和25年5月	6
⑤「萱の花」	昭和11年8月		⑦「朝の水」	昭和26年10月	7
⑥「火の枕」	昭和11年10月	S11	⑧「夜の声」	昭和27年3月	8
⑦「手毬歌」	昭和12年5月		⑨「春の鐘」	昭和27年6月	9
⑧「雪中火事」	昭和15年12月	S15	⑩「鳥の家」	昭和27年10月	10
⑨「天の河」	昭和16年8月		⑪「都の苑」	昭和28年1月	11
⑩「雪国抄」⑧の改稿	昭和21年5月	S21	⑫「傷の後」	昭和28年1月	12
⑪「続雪国」⑨の改稿	昭和22年10月		⑬「雨の中」	昭和28年4月	13
母の初恋	昭和15年1月		⑭「蚊の卵」後に「蚊の群」	昭和28年10月	14
女の夢	昭和15年2月		⑮「鳩の音」後に「秋の魚」	昭和29年4月	16
ほくろの手紙	昭和15年3月		⑯「蛇の卵」	不明	15
			みづうみ	昭和29年1月〜12月	

図 4.5 川端康成の作品における読点の前の文字が「と」と「し」である割合

わったように思われる．そこで，読点の前の文字の割合に関する全データを用い，数量化Ⅲ類（3.2.4項参照）で表4.4の川端作品の読点の付け方を分析してみた．ただし，『雪国』，『山の音』の2編は分量も多く，かつ発表時期が数

年にわたっているため，この2編に関しては表4.4のように章（節）ごとに分けてデータを作成した．

図4.6は，数量化III類による分析結果である．この図には作品と読点の前の文字を同時に配置してある．配置の仕方は，読点の付け方の似ている作品は近くに位置すると同時に，たとえば，読点の前の文字が「と」である割合の高い作品は図中の文字「と」の近辺に位置するというようになっている．したがって，どの作品とどの作品が読点の付け方が似ているかを読みとることができると同時に，それぞれの作品において，読点の前にどのような文字が多いのかが読みとれる．

この図で，戦前の作品と戦後の作品を曲線で囲ってみると，戦前の作品は右側に，戦後の作品は左側にまとまっていることがわかる．したがって，全体的な読点の付け方をみても，川端康成の戦前と戦後の作品では違いがあることがわかる．また図4.5と同じように，戦前の作品では「と」である場合が多く，戦後の作品では「し」である場合が多いことがみてとれる．

これらの分析結果から，川端康成の作品における読点の付け方は，戦後の作品『みづうみ』から作風が変わったとされる従来の通説とは異なり，同じく戦後の作品であって年代がもっとさかのぼる『山の音』から変わったとみるべきであろう．

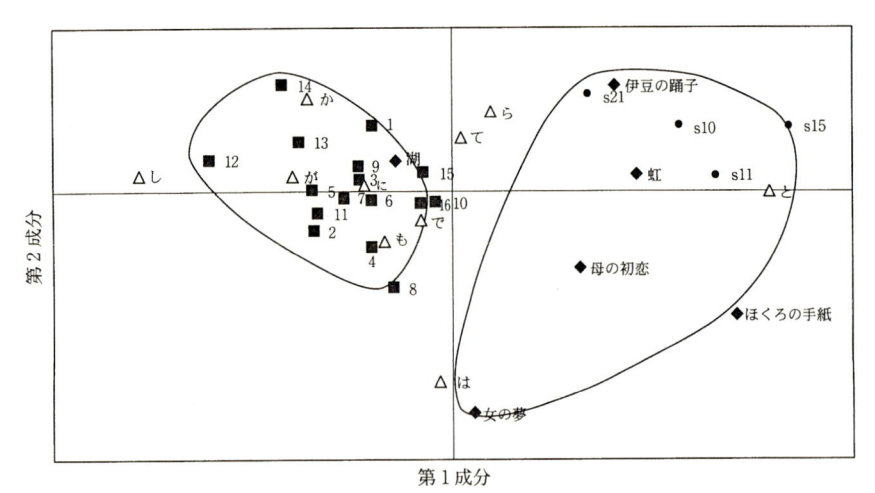

図 4.6 川端作品の読点の付け方の数量化III類分析結果（■：『山の音』，●：『雪国』）

思想・心理や人生観がその作家の文体と関係あるとすれば，川端の場合，病後のプレオリジナル『名人』（昭和17年）か，あるいは終戦直後かで文体変化があってもおかしくはない．ただし，この分析から得られた読点の付け方の変化が，文体の変化，ひいては思想・心理や，人生観の変化などを意味するのかどうかを明らかにするには，記述内容などの別の観点からの研究が必要である．

4.3 『源氏物語』の計量分析

4.3.1 『源氏物語』の研究課題

平安時代の貴族生活を背景に，光源氏の恋と栄華を描いた大河小説『源氏物語』の成立は，西暦1004年頃といわれている．したがって成立後1000年にならんとしている．この全54巻（表4.5）からなる『源氏物語』は，我が国古典文学の最高峰であるばかりでなく，その芸術性の高さゆえに諸外国にも広く翻訳，紹介され，日本人はもとより多くの外国人にも親しまれると同時に，多くの文学者の研究対象にもなってきた．

『源氏物語』は紫式部（970?-1019?）の自筆原稿が存在せず，写本で伝えられてきている．そのため，さまざまな写本の不備を訂し，あるべき本文を復原する本文の校訂に始まり，語句の注釈，作者とされる紫式部についての伝記，時代的背景など，諸分野からの研究は古注釈以来現代に至るまで数百年にわたって着実に積み重ねられてきた．しかしながら，現時点においてもなお研究課

表 4.5 『源氏物語』54巻の巻名

巻番号	巻名	巻番号	巻名	巻番号	巻名	巻番号	巻名	巻番号	巻名
1	桐壺	12	須磨	23	初音	34	若菜 上	45	橋姫
2	帚木	13	明石	24	胡蝶	35	若菜 下	46	椎本
3	空蝉	14	澪標	25	螢	36	柏木	47	総角
4	夕顔	15	蓬生	26	常夏	37	横笛	48	早蕨
5	若紫	16	関屋	27	篝火	38	鈴虫	49	宿木
6	末摘花	17	絵合	28	野分	39	夕霧	50	東屋
7	紅葉賀	18	松風	29	行幸	40	御法	51	浮舟
8	花宴	19	薄雪	30	藤袴	41	幻	52	蜻蛉
9	葵	20	朝顔	31	真木柱	42	匂宮	53	手習
10	賢木	21	少女	32	梅枝	43	紅梅	54	夢浮橋
11	花散里	22	玉鬘	33	藤裏葉	44	竹河		

題は数多く存在する．なかでも54巻がすべて紫式部によって書かれたかどうかという基本的なことに関しては，古くから疑問が出されており，作者複数説が数多く出されてきた．たとえば，

- 年記，官位などの叙述面での矛盾から（巻42）「匂宮」，（巻43）「紅梅」，（巻44）「竹河」の3巻を別人の作とする説
- （巻1）「桐壺」から（巻41）「幻」までを紫式部の作とし，（巻42）「匂宮」以後の巻は紫式部の娘大弐の三位（藤原賢子）の作とする説
- 与謝野晶子が主張した（巻33）「藤裏葉」までを紫式部の作とし，物語のなかで用いられる歌が非常に優れている（巻34）「若菜 上」以後の作は大弐の三位の作とする説．
- 宇治を舞台とする（巻45）「橋姫」以後の10巻（まとめて「宇治十帖」と呼ばれている）を大弐の三位の作とする説．

このような『源氏物語』の作者複数説のなかで最も広く知られているのは，「宇治十帖」を大弐の三位の作とする説である．

このほか，54巻の成立順序が現行の巻序どおりなのかということや，書写者による部分的な補筆の可能性などに関しても疑問が出されており，これらの疑問の多くは，数多くの研究者の努力にもかかわらず，依然として未解決のまま持ち越されている．

4.3.2　54巻のグループ化

『源氏物語』の文章を計量的観点から分析するため，図4.7のような『源氏物語』54巻の文章を単語に分割し，品詞情報，活用形の情報，会話文，和歌，地の文（会話文，和歌以外）のいずれに出現した単語なのかの情報などを付加したデータベースを構築した．図4.8はこのようにして構築した約37万6千語のデータベースの（巻1）「桐壺」の冒頭部である．

なお，データベース構築に用いた本文は，池田亀鑑編著『源氏物語大成』（中央公論社）である．単語および品詞の認定についてはこの底本の索引に準拠したが，その詳細については『源氏物語語彙用例総索引』（上田・村上他，1994，勉誠社）を参照していただきたい．

また『源氏物語大成』の本文には文の終わりを示す句点がついていないが，文長などを分析する必要上，岩波書店の『日本古典文学大系』および『新日本古典文学大系』に収録されている『源氏物語』に従ってデータベースには句点

```
0005-01 00010 いつれ 0312400 代名 A000 1-027 1-093 桐 イヅレ イツレ/イヅレ/0300/0/0009000
0005-10 00020 の 0000000 助詞 A000 1-027 1-093 桐 ノ ノ/ノ/2100/0/0009000
0005-01 00030 御時 2830400 名詞 A000 1-027 1-093 桐 御トキ トキ/トキ/0100/0/0039000
0005-01 00040 に 0000000 助詞 A000 1-027 1-093 桐 ニ ニ/ニ/2100/0/0009000
0005-01 00050 か 0000000 助詞 A000 1-027 1-093 桐 カ カ/カ/2100/0/0009000
0005-01 00060 。 0000000 無し A000 1-027 1-093 桐 @ @/@/0000/0/0000000
0005-01 00070 女御更衣 3176200 名詞 A000 1-027 1-093 桐 ニヨウゴカウイ ニヨウコカウイ ニヨ/ウゴカウイ/0100/0/0009000
0005-01 00080 あまた 0157000 副詞 A000 1-027 1-093 桐 アマタ アマタ/アマタ/1400/0/0009000
0005-01 00090 さふらひ 2076000 動詞 A000 1-027 1-093 桐 サブラヒ サフラフ/サブラフ/0701/0/0002000
0005-01 00100 給 2628200 補動 A000 1-027 1-093 桐 タマヒ タマフ/タマフ/0901/a/0002000
0005-01 00110 ける 0000000 助動 A000 1-027 1-093 桐 ケル ケリ/ケリ/2209/0/0004000
0005-01 00120 なか 2939000 名詞 A000 1-027 1-093 桐 ナカ ナカ/ナカ/0100/0/0009000
0005-01 00130 に 0000000 助詞 A000 1-027 1-093 桐 ニ ニ/ニ/2100/0/0009000
0005-01 00140 いと 0326800 副詞 A000 1-027 1-093 桐 イト イト/イト/1400/0/0009000
0005-01 00150 やむことなき 4305800 形容 A000 1-027 1-093 桐 ヤンゴトナキ ヤンコトナシ/ヤンゴトナシ/1012/0/0004000
0005-01 00160 きは 1490600 名詞 A000 1-027 1-093 桐 キハ キハ/キハ/0100/0/0009000
0005-02 00010 に 0000000 助詞 A000 1-027 1-093 桐 ニ ニ/ニ/2100/0/0009000
0005-02 00020 は 0000000 助詞 A000 1-027 1-093 桐 ハ ハ/ハ/2100/0/0009000
0005-02 00030 あら 0203000 動詞 A000 1-027 1-093 桐 アラ アリ/アリ/0709/0/0001000
0005-02 00040 ぬ 0000000 助動 A000 1-027 1-093 桐 ヌ ス/ズ/2220/0/0004200
0005-02 00050 か 0000000 助詞 A000 1-027 1-093 桐 ガ カ/ガ/2100/1/0009000
0005-02 00060 すくれ 2317600 動詞 A000 1-027 1-093 桐 スグレ スクル/スグル/0705/0/0002000
0005-02 00070 て 0000000 助詞 A000 1-027 1-093 桐 テ テ/テ/2100/0/0009000
0005-02 00080 時めき 2834400 動詞 A000 1-027 1-093 桐 トキメキ トキメク/トキメク/0701/0/0002000
0005-02 00090 給 2629000 補動 A000 1-027 1 093 桐 タマフ タマフ/タマフ/0901/a/0004000
0005-02 00100 あり 0203200 動詞 A000 1-027 1-093 桐 アリ アリ/アリ/0709/0/0002000
0005-02 00110 けり 0000000 助動 A000 1-027 1-093 桐 ケリ ケリ/ケリ/2209/0/0003000
0005-02 00120 。 0000000 無し A000 1-027 1-093 桐 @ @/@/0000/0/0000000
0005-02 00130 はしめ 3313800 名詞 A000 1-027 1-093 桐 ハジメ ハシメ/ハジメ/0100/0/0009000
0005-02 00140 より 0000000 助詞 A000 1-027 1-093 桐 ヨリ ヨリ/ヨリ/2100/0/0009000
0005-02 00150 我 4528400 代名 A040 1-027 1-093 桐 ワレ ワレ/ワレ/0300/0/0009000
0005-02 00160 は 0000000 助詞 A050 1-027 1-093 桐 ハ/ハ ハ/2100/0/0009000
0005-02 00170 と 0000000 助詞 A000 1-027 1-093 桐 トト/ト/2100/0/0009000
0005-02 00180 思あかり 0960400 動詞 A000 1-027 1-093 桐 オモヒアガリ オモヒアカル/オモヒアガル/0701/0/0002000
0005-02 00190 給へ 2629400 補動 A000 1-027 1-093 桐 タマヘ タマフ/タマフ/0901/a/0006000
0005-02 00200 る 0000000 助動 A000 1-027 1-093 桐ルリ/リ/2209/0/0004000
0005-02 00210 御方方 1229600 名副 A000 1-027 1-093 桐 御カタガタ カタカタ/カタガタ/0400/0/0039000
```

図 4.8 『源氏物語』データベース（(巻1)「桐壺」冒頭部）

いつれの御時にか女御更衣あまたさふらひ給けるなかにいとやむことなきゝは
にはあらぬかすくれて時めき給ありけりはしめより我はと思あかり給へる御方
〳〵めさましきものにおとしめそねみ給おなしほとそれより下らうの更衣たち
はましてやすからすあさゆふの宮つかへにつけても人の心をのみうこかしうら
みをおふつもりにやありけむいとあつしくなりゆきもの心ほそけにさとかちな
るをいよ〳〵あかすあはれなる物におもほして人のそしりをもえはゝからせ給

図 4.7 （巻 1)「桐壺」の冒頭部(部分)

を入れた．

分析では，表 4.6 のように，54 巻を四つのグループに分けて検討することとした．これは次のような理由による．今日，『源氏物語』54 巻は全体の構成の観点から，次の 3 部，すなわち

　　　　第 1 部：（巻 1）「桐壺」〜（巻 33）「藤裏葉」
　　　　第 2 部：（巻 34）「若菜上」〜（巻 41）「幻」
　　　　第 3 部：（巻 42）「匂宮」〜（巻 54）「夢浮橋」

に分けるのが通説となっている．

このような『源氏物語』の，いわゆる「三部構成説」は，池田亀鑑編著『新講源氏物語』（至文堂，1951）以後，日本古典全書（朝日新聞社），日本古典文学全集（小学館）などの，代表的な『源氏物語』校注書において踏襲され，今日においても多数の研究者に支持されている．

しかしこの分析では，54 巻の成立順序や，後半の 10 巻（「宇治十帖」）の他作者説などの可能性を検討するため，通説とは多少異なり，表 4.6 のような，A, B, C, D の四つのグループに分割した．

第 1 部の 33 巻を，紫の上系物語の 17 巻（A グループ）と玉鬘系物語の 16 巻（B グループ）に分けたのは，玉鬘系の 16 巻が紫の上系の 17 巻の後に成立したとするのような説があるからである．

『源氏物語』が現在みられる巻序で成立したのではないという可能性を最初に指摘したのは，1922 年に発表された，和辻哲郎「源氏物語について」（後に『日本精神史研究』に所収）である．その後，阿部秋生「源氏物語執筆の順序」（『国語と国文学』1939 年 8, 9 月），玉上琢彌「源語成立攷」（『国語国

表 4.6 『源氏物語』54 巻のグループ化

グループ名	巻数	グループに含まれる巻の番号	備考
A	17	1, 5, 7, 8, 9, 10, 11, 12, 13, 14, 17, 18, 19, 20, 21, 32, 33	紫の上系物語（第 1 部）
B	16	2, 3, 4, 6, 15, 16, 22, 23, 24, 25, 26, 27, 28, 29, 30, 31	玉鬘系物語（第 1 部）
C	11	34, 35, 36, 37, 38, 39, 40, 41, 42, 43, 44	第 2 部 / 「匂宮三帖」（第 3 部）
D	10	45, 46, 47, 48, 49, 50, 51, 52, 53, 54	「宇治十帖」（第 3 部）

文』1940年4月）などを経て，武田宗俊『源氏物語の研究』（岩波書店，1954）において，前半部33巻のうち，長編的要素からなる紫の上17巻と短編的性格の強い玉鬘系16巻との異質性を根拠に，玉鬘系16巻は紫の上系17巻が成立した後に執筆され，原稿の巻序に挿入されたものであるという，いわゆる源氏物語成立論が主張されるにいたった．

また第3部に含まれる匂宮三帖（（巻42）「匂宮」，（巻43）「紅梅」，（巻44）「竹河」）を第2部の8巻と合わせてCグループとしたのは，筋立て，文体などにおいて緊密な関連を有する「宇治十帖」の10巻を一つのグループ（Dグループ）とするためである．

4.3.3 数値でみる『源氏物語』の全体像

単語の認定を『源氏物語大成』の索引に準拠した場合，『源氏物語』54巻の総単語数は37万6425語となる．このうち自立語は56.6％の21万3115語，付属語は43.4％の16万3310語である．また最も長い巻は（巻35）「若菜下」で2万222語，最も短い巻は（巻27）「篝火」の653語である．最も短い巻と長い巻とでは，その長さにおいて30倍以上もの差がある．

最も出現頻度の多い自立語は名詞の「こと（事）」で，出現回数は4497回であり，これは総単語数の1.195％に相当する．つまり，「こと（事）」という言葉は，『源氏物語』のなかで平均すると100語に1回は出現していることになる．また，次に出現頻度の多いのは副詞の「いと」で，出現回数は4224回（1.122％），やはり平均すると100語に1回は出現している．

また，『源氏物語』54巻のすべての巻に出現する自立語は次に示す20語である．

[動詞]
　あら（あり（有，在）の未然形，1339回）
　おぼし（おほす（思）の連用形，622回）
　おもひ（おもふ（思）の連用形，1167回）

[補助動詞]
　たまは（たまふの未然形，1599回）
　たまひ（たまふの連用形，3328回）
　たまふ（たまふの終止形，2997回）
　たまふ（たまふの連体形，2180回）

たまへ（たまふの命令形，2920回）
　［名詞］
　　かた（方，694回）
　　御心（御こころ，483回）
　　人（ひと，3463回）
　　もの（物，1073回）
　　心（こころ，977回）
　　こと（事，4497回）
　　ほと（程，1571回）
　［連体詞］
　　かの（727回），　この（1442回）
　［副詞］
　　いと（4224回），　え（659回），　すこし（482回）
　この20語のなかでは，「心」，「御心」という言葉が全巻に用いられていることが興味深い．また，本居宣長の「もののあはれ」論以来，『源氏物語』は「もののあはれ」の文学ともいわれているが，『源氏物語』の中に「あはれ」に関する言葉は，「あはれ」（名詞・感動詞），「あはれがる」（動詞），「あはれさ」（名詞），「あはれなり」（形容動詞）など活用形も区別すると41種類出現する．54巻のなかのどの巻にも，この41種類のいずれかが出現し，出現回数は計1036回である．

4.3.4　「宇治十帖」他作家説の検討

　『源氏物語』54巻のなかで，表4.6でDグループとした45巻から54巻までの10巻は，宇治を舞台とした物語であるのでまとめて「宇治十帖」と呼ばれているが，4.3.1項で述べた，この「宇治十帖」を紫式部の娘の大弐の三位の作とする説が古くから出されている．
　そこで「宇治十帖」（Dグループ）の文章と，それ以前のA, B, Cグループの1巻から44巻の文章では，計量的な諸点において差がみられるかどうかを分析した．その結果，平均文長や，語彙の豊富さを示すと考えられる「延べ語数に対する異なり語数の比」などには顕著な差がみられなかった．しかし，以下に示すように，いくつかの主要な品詞の出現率や，よく用いられる言葉の出現率に差があることが判明した．

表 4.7 は『源氏物語』に出現する品詞のうち,主要な七つの品詞の,巻1〜44 の1巻あたりの平均出現率と,「宇治十帖」の 10 巻の1巻あたりの平均出現率を比較したものである.

どのような書き手でも,品詞の使用率を常に同じにすることはできない.したがって,紫式部が 54 巻すべてを書いたとしても当然巻によって品詞の出現率に違いが出る.

この表に示された t 値は,そのような巻ごとの出現率のバラツキを考慮したうえで,巻1から巻 44 までと,「宇治十帖」の 10 巻の1巻あたりの平均出現率の差が,紫式部の文体に大きな変化がないと考えられる場合に紫式部が 54 巻すべてを書いたときによく生じるような差であるのか,あるいは生じる可能性のほとんどない差であるのかを判定するために用いる量であり,次の式で計算される.

$$t = \frac{\bar{x}_1 - \bar{x}_2}{\sqrt{S_1^2/n_1 + S_2^2/n_2}} \quad (4.1)$$

ここで,$n_1, \bar{x}_1, S_1^2$ は,それぞれ巻1から巻 44 までの巻数,44 巻での当該品詞の平均出現率および出現率の分散であり,$n_2, \bar{x}_2, S_2^2$ はそれぞれ「宇治十帖」の巻数,「宇治十帖」での当該品詞の平均出現率および出現率の分散である.おおよその目安として t 値の絶対値が2以上ならば(つまり +2 以上あるいは -2 以下ならば),紫式部が 54 巻すべてを書いたときに,よく生じるような差ではないと考えてよい.表 4.7 の t 値をみると,名詞,助動詞の平均出現率については,巻1〜44 と「宇治十帖」との間に,紫式部がすべてを書いた場合に生じる可能性のほとんどない大きな差があると考えられる.つまり,紫式

表 4.7 『源氏物語』の巻1〜44 と「宇治十帖」(巻 45〜54)の七つの品詞の1巻あたりの平均出現率(分母は各巻の全語総数)

品詞	(A, B, C グループ) 巻1〜44	(D グループ) 巻 45〜54	t 値
動詞	0.16190	0.16505	-1.3591
形容詞	0.05907	0.05566	1.8597
形容動詞	0.02388	0.02426	-0.2963
名詞	0.18189	0.16423	5.1624
副詞	0.04000	0.04106	-0.8770
助動詞	0.11309	0.12391	-5.0477
助詞	0.31517	0.31872	-1.6130

部が54巻すべてを書いた場合に,巻1〜44と「宇治十帖」の1巻あたりの名詞や助動詞の平均出現率について,表4.7で示したような差が生じる可能性は非常に小さいということになる.また形容詞の差も名詞や助動詞ほどではないにしろ,やはり生じる可能性の小さな差であるといえる.ただし前述したように,紫式部の文体に大きな変化がないという前提のもとでの話である.

表4.8には,『源氏物語』によく出現する言葉のなかから,やはり巻1〜44と「宇治十帖」との間で平均出現率に大きな差があると考えられる言葉をリストアップした.

『源氏物語』の自立語のなかでの,名詞の「ひと(人)」の出現頻度は第3位(総出現度数3463回),「もの(物)」は第17位(総出現度数1073回),動詞の「おもひ(思ひ)」(動詞「思ふ」の連用形)は第15位(総出現度数1167回)である.このような出現頻度の多い言葉に関しても,巻1〜44と「宇治十帖」では平均出現率に,文体に大きな変化はないとしたときに,同じ人が書いた場合には生じる可能性が少ないと考えられる大きな差が生じている.

次に巻ごとの品詞や単語の出現率を調べてみる.図4.9〜4.13は,『源氏物語』の各巻における3種類の品詞(名詞,助動詞,助詞)と二つの単語(「ひと」,「こと」)の出現率を,A〜Dの4グループに分けて示したものである.各グループ内では各巻は巻番号の小さい方から順に並んでいる.また図中の横線はグループの平均出現率である.

これらの図をみると,Dグループの平均出現率が他の三つのグループの平均出現率と大きく異なっていたり(図4.9,4.10,4.12),またDグループの巻の出現率に他のグループにはみられない一定の増加傾向がみられたり(図4.10〜4.13)と,Dグループの巻の文章が他のグループの巻の文章に比べて明らかに異なっていることがわかる.

表 4.8 『源氏物語』の巻1〜44と「宇治十帖」(巻45〜54)の「ひと/人」「もの/物」「おもひ/思ひ」の1巻あたりの平均出現率(分母は各巻の自立語総数)

言 葉	(A, B, Cグループ) 巻1〜44	(Dグループ) 巻45〜54	t値
ひと/人 (名詞)	0.01437	0.02000	−2.9273
もの/物 (名詞)	0.00429	0.00581	−1.9426
おもひ/思ひ (動詞)	0.00251	0.00146	−3.0332

図 4.9 グループ別名詞の出現率

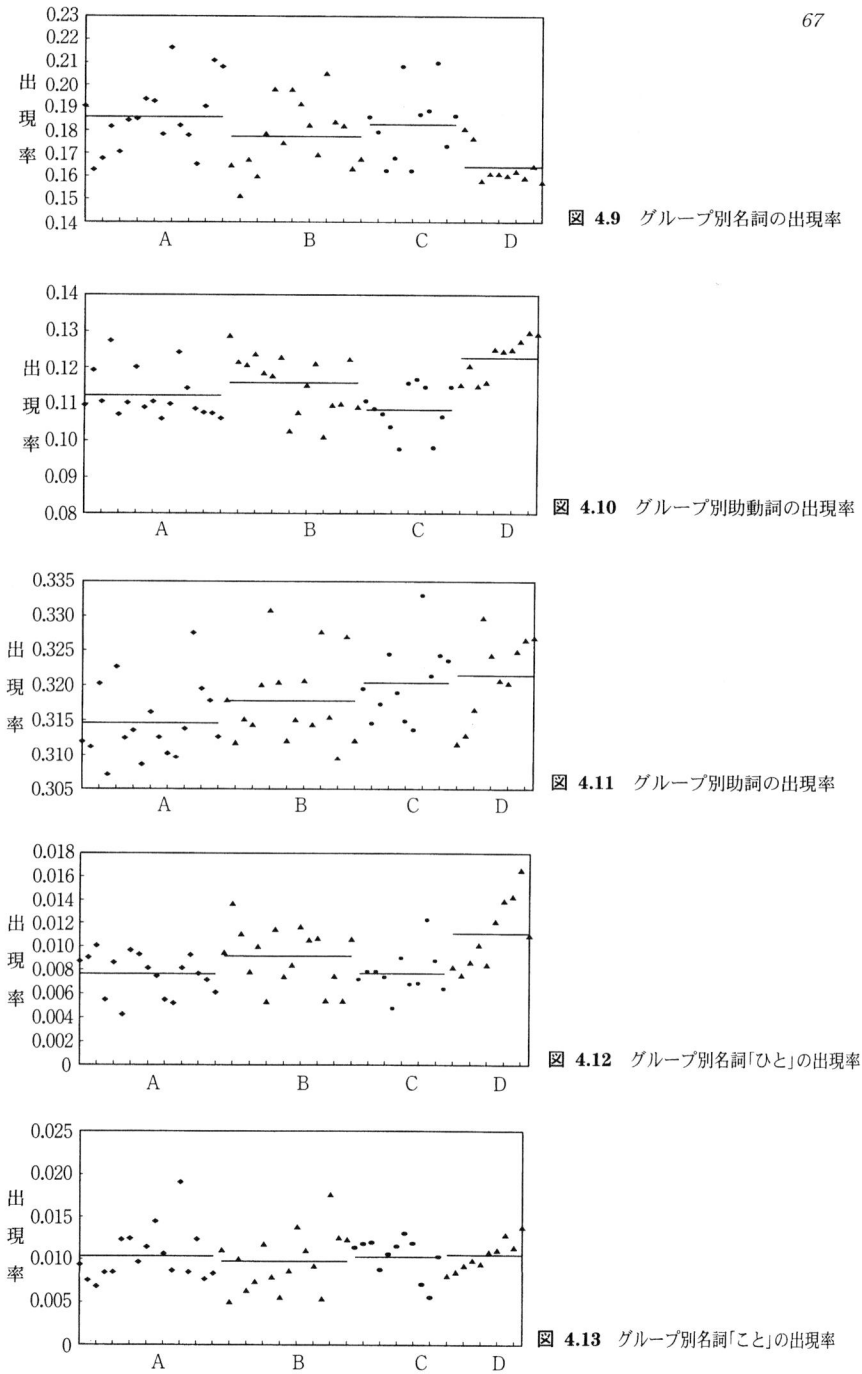

図 4.10 グループ別助動詞の出現率

図 4.11 グループ別助詞の出現率

図 4.12 グループ別名詞「ひと」の出現率

図 4.13 グループ別名詞「こと」の出現率

このように，計量分析でDグループ「宇治十帖」の文章はそれ以前の巻1～44までの文章といくつかの点で異なるという興味深い結果が得られているが，このような分析結果から，直ちに「宇治十帖」の作者が紫式部ではないと結論づけるのは現段階ではむずかしい．それは，これまでの分析は紫式部の文体に大きな変化はないという前提に立っているが，54巻という長編を執筆している間に紫式部自身の文体が何かの理由で大きく変化した可能性も考慮しなければならないからである．たとえば作家の瀬戸内寂聴氏は，自らが出家したときの経験をふまえ，紫式部は「宇治十帖」の執筆の前に出家し，そのことが文体に影響したのではないかと述べている（NHK歴史発見取材班，1993）．しかし現時点では紫式部が出家したかどうかは不明であるし，仮に出家したとしても，出家による文体への影響も不明である．

さらに，他の人物が紫式部の文章を模倣して書いた作品である『雲隠六帖』，『山路の露』，『手枕』や，『源氏物語』と成立時期が近い『うつほ物語』などの文章と比較するなど，より詳細な分析が必要である．

4.3.5 54巻の成立順序の推定

この節では，『源氏物語』がすべて紫式部によって書かれたという前提のもとに，助動詞の出現率に注目し，54巻の成立順序を推定してみる（村上・今西，2001）．

『源氏物語』54巻に出現する助動詞は計26種である．出現頻度の多い順に並べると，

ず，む，たり，けり，なり，り，ぬ，き，べし，つ，
る，す，めり，さす，らむ，らる，じ，けむ，まじ，
まし，まほし，ごとし，らし，しむ，ます，むず

となる．

『源氏物語』54巻におけるこれらの助動詞の出現率を表4.9（p.70,71）に示した．なお，助動詞の総出現度数は43617，出現率は0.116で，この出現率の多さは動詞，助詞，名詞に次いでいる．

前記26種の助動詞のうち，出現頻度の少ない「ごとし」，「らし」，「しむ」，「ます」，「むず」の5語に関しては，これらの助動詞が出現する巻が54巻の半分の27巻にも満たないため，分析には用いていない．

図4.14は，残りの21種の助動詞（表4.9の「ず」から「まほし」まで）の

54巻での出現率を，数量化III類で分析した結果である．この図では，21種の助動詞の出現率が類似している巻ほど近くに位置するよう配置されている．図4.14で，各グループの巻が位置する範囲を線で囲ってみると，各グループに属する巻は，まったくバラバラに位置しているのではなく，ある程度まとまっていることがわかる．つまり，同じグループに属する巻は，21種の助動詞の出現頻度が類似している，つまり助動詞の用い方が類似しているということである．成立時期の近い巻は文章が似ており，そのため助動詞の用い方も類似していると考えられる．したがって，表4.6のような54巻のグループ化の妥当性がある程度裏付けられたといえる．

ところで図4.14においては，AグループとCグループが重なり，BグループとDグループが重なっている．4.3.2項で述べたように，『源氏物語』54巻のなかでAグループとBグループを合わせた（巻1）「桐壺」から（巻33）「藤裏葉」までは通常第1部といわれ，光源氏前半生の栄華への道程を語る，まとまった物語とされている．したがって，少なくともAグループとBグループの巻の文章は，第2部，第3部の巻の文章よりは類似性が高いことが予想される．

すでに述べたようにもし文章が類似しているならば，助動詞の用い方も類似していると考えられ，したがって，21種の助動詞の出現率を分析した図4.14において，AグループとBグループの領域が重なることが期待された．しか

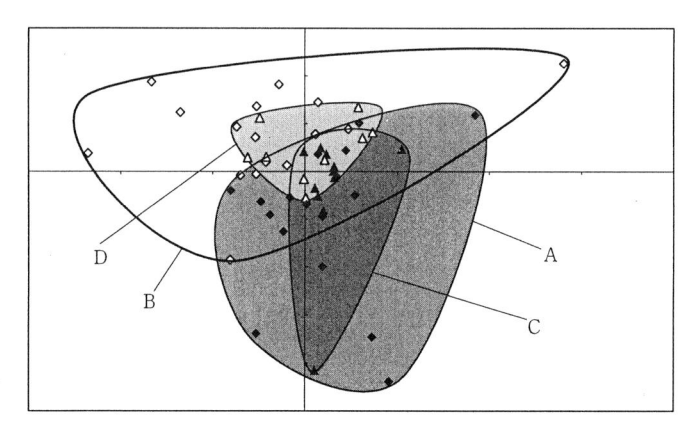

図4.14 助動詞21種類の出現率の数量化III類分析結果
（◆：Aグループ，◇：Bグループ，▲：Cグループ，△：Dグループ）

4 文を計る

表 4.9 26 種の助

巻 名	総語数	助動詞	ず	む	たり	けり	なり	り	ぬ	き	べし	つ	る
(1)桐壺	4804	527	0.01374	0.00666	0.00749	0.01166	0.00687	0.00812	0.00812	0.00749	0.00729	0.00312	0.00458
(2)帚木	9383	1209	0.01673	0.01982	0.01492	0.00650	0.00959	0.00874	0.00821	0.01066	0.01279	0.00309	0.00341
(3)空蝉	2187	266	0.01280	0.01509	0.01920	0.00960	0.01052	0.00640	0.01052	0.00229	0.00732	0.00777	0.00274
(4)夕顔	9564	1155	0.01474	0.01276	0.01380	0.01014	0.01014	0.00648	0.00941	0.00920	0.00795	0.00418	0.00429
(5)若紫	9406	1122	0.01563	0.01382	0.01371	0.00882	0.01127	0.01201	0.00851	0.00553	0.00702	0.00489	0.00340
(6)末摘花	6138	759	0.01711	0.01580	0.01825	0.01254	0.00847	0.00929	0.00880	0.00407	0.00554	0.00358	0.00603
(7)紅葉賀	5558	615	0.01385	0.00936	0.01151	0.01026	0.00900	0.01259	0.00936	0.00414	0.00450	0.00342	0.00486
(8)花宴	2009	256	0.01394	0.01294	0.01444	0.00647	0.01344	0.01244	0.01045	0.00448	0.00796	0.00448	0.00647
(9)葵	9165	982	0.01549	0.01004	0.01026	0.00698	0.00927	0.01058	0.00917	0.00513	0.00600	0.00371	0.00567
(10)賢木	9662	1066	0.01418	0.00963	0.00807	0.00611	0.00963	0.01325	0.00921	0.00662	0.00766	0.00342	0.00642
(11)花散里	724	87	0.01381	0	0.00967	0.01519	0.02072	0.00414	0.01105	0.01381	0.01105	0.00138	0.00967
(12)須磨	8390	915	0.01359	0.01073	0.00739	0.00977	0.00930	0.01132	0.00930	0.00942	0.00679	0.00215	0.00501
(13)明石	7862	870	0.01272	0.01157	0.01221	0.00738	0.00776	0.00865	0.00903	0.00865	0.00763	0.00432	0.00598
(14)澪標	6296	667	0.01271	0.01001	0.00985	0.01159	0.00762	0.00889	0.00715	0.00842	0.00651	0.00286	0.00429
(15)蓬生	4605	546	0.01629	0.01151	0.01346	0.01194	0.00890	0.00543	0.00869	0.01129	0.00630	0.00543	0.00434
(16)関屋	934	110	0.01285	0.00535	0.01071	0.01927	0.00749	0.00321	0.01285	0.01927	0.00749	0	0.00642
(17)絵合	3655	402	0.01204	0.00739	0.00958	0.00821	0.00958	0.01122	0.00793	0.00930	0.00657	0.00027	0.00274
(18)松風	4030	501	0.01241	0.01092	0.01514	0.01166	0.00819	0.00695	0.01315	0.01117	0.00918	0.00546	0.00422
(19)薄雲	6023	689	0.01527	0.01295	0.00930	0.00747	0.00814	0.00814	0.01063	0.00681	0.00863	0.00415	0.00531
(20)朝顔	3993	434	0.01327	0.01077	0.01077	0.00676	0.00676	0.00977	0.00826	0.01152	0.00576	0.00451	0.00501
(21)少女	10038	1081	0.01385	0.01056	0.01086	0.00966	0.00907	0.01006	0.00747	0.00478	0.00638	0.00379	0.00359
(22)玉鬘	8185	1006	0.01295	0.01515	0.01576	0.01356	0.00941	0.00782	0.01124	0.01014	0.00709	0.00330	0.00208
(23)初音	2687	275	0.01340	0.00707	0.01563	0.00930	0.00782	0.01675	0.00670	0.00261	0.00595	0.00149	0.00335
(24)胡蝶	4040	435	0.01708	0.01040	0.01337	0.00743	0.00718	0.00965	0.00619	0.00421	0.01064	0.00223	0.00371
(25)蛍	3767	434	0.01593	0.00876	0.01699	0.01301	0.01168	0.00903	0.00770	0.00425	0.00770	0.00398	0.00239
(26)常夏	4350	527	0.01678	0.02345	0.01356	0.00782	0.01333	0.00989	0.00644	0.00345	0.00437	0.00299	0.00345
(27)篝火	653	66	0.01838	0.00766	0.01378	0.00766	0.01838	0.00459	0.00459	0	0.00153	0.00459	0.00153
(28)野分	3510	386	0.01311	0.00883	0.01225	0.01026	0.00855	0.01225	0.00769	0.00456	0.00655	0.00741	0.00171
(29)行幸	5233	576	0.01338	0.01471	0.00745	0.01089	0.00917	0.00841	0.00478	0.00669	0.01051	0.00344	0.00248
(30)藤袴	2795	342	0.01503	0.01646	0.01002	0.01252	0.01467	0.00859	0.00501	0.00572	0.00894	0.00179	0.00394
(31)真木柱	7232	789	0.01507	0.01493	0.00885	0.00899	0.00954	0.00968	0.00705	0.00636	0.00816	0.00290	0.00221
(32)梅枝	3637	391	0.01155	0.00935	0.01265	0.00522	0.00852	0.01512	0.00522	0.00632	0.00770	0.00247	0.00192
(33)藤裏葉	4430	470	0.01264	0.00722	0.00880	0.00903	0.01106	0.01242	0.00926	0.00632	0.00609	0.00406	0.00497
(34)若菜上	20196	2233	0.01510	0.01109	0.01000	0.00867	0.00891	0.00867	0.00832	0.00802	0.00817	0.00327	0.00347
(35)若菜下	20222	2197	0.01508	0.01187	0.01068	0.01068	0.00925	0.00727	0.00836	0.00801	0.00653	0.00381	0.00405
(36)柏木	7925	850	0.01565	0.01110	0.00858	0.00921	0.00883	0.00719	0.00909	0.00946	0.00707	0.00315	0.00328
(37)横笛	3694	382	0.01299	0.01164	0.00920	0.00785	0.00947	0.00947	0.00758	0.00893	0.00704	0.00189	0.00325
(38)鈴虫	2748	268	0.00910	0.00509	0.01019	0.00910	0.00764	0.01383	0.00582	0.00509	0.00582	0.00291	0.00291
(39)夕霧	14017	1621	0.01726	0.01291	0.00713	0.00863	0.00963	0.01006	0.01034	0.00749	0.01006	0.00449	0.00271
(40)御法	3719	434	0.01855	0.01318	0.00860	0.01318	0.00860	0.00699	0.01237	0.00565	0.00699	0.00188	0.00645
(41)幻	4285	491	0.01377	0.01004	0.01074	0.01074	0.00653	0.00933	0.00887	0.01284	0.01050	0.00443	0.00630
(42)匂宮	2696	264	0.01335	0.00853	0.00853	0.01001	0.00631	0.01039	0.00482	0.00668	0.00890	0.00111	0.00482
(43)紅梅	2517	268	0.01311	0.01112	0.01073	0.00477	0.01073	0.01033	0.00636	0.01192	0.00596	0.00278	0.00238
(44)竹河	8065	923	0.01451	0.00856	0.01166	0.01178	0.00880	0.01004	0.00732	0.01066	0.00546	0.00260	0.00372
(45)橋姫	7299	842	0.01589	0.01041	0.01151	0.01123	0.00808	0.00671	0.00959	0.01028	0.00904	0.00384	0.00301
(46)椎本	7289	879	0.01674	0.01523	0.01248	0.00892	0.01098	0.00933	0.00878	0.00700	0.00823	0.00329	0.00398
(47)総角	17436	2006	0.01480	0.01474	0.00814	0.00780	0.00918	0.01015	0.00820	0.00637	0.00734	0.00465	0.00430
(48)早蕨	3557	413	0.01631	0.01153	0.00928	0.00984	0.00956	0.01181	0.00590	0.00759	0.00900	0.00197	0.00506
(49)宿木	18835	2357	0.01587	0.01434	0.00977	0.01163	0.00982	0.00988	0.00871	0.00860	0.00876	0.00382	0.00356
(50)東屋	12996	1621	0.01547	0.01454	0.01531	0.01054	0.01100	0.00600	0.00823	0.00708	0.00746	0.00600	0.00331
(51)浮舟	14413	1803	0.01402	0.01783	0.01575	0.00708	0.01013	0.00659	0.00951	0.00666	0.00853	0.00631	0.00347
(52)蜻蛉	11797	1503	0.01594	0.01365	0.01297	0.01348	0.01068	0.00602	0.00661	0.01051	0.00771	0.00526	0.00229
(53)手習	14219	1846	0.01421	0.01540	0.01484	0.01160	0.00893	0.00534	0.00999	0.01407	0.00738	0.00626	0.00302
(54)夢浮橋	3555	460	0.01378	0.01744	0.01210	0.00900	0.00647	0.00788	0.00956	0.01491	0.01013	0.00506	0.00394

4.3 『源氏物語』の計量分析

動詞の 54 巻での出現率

す	めり	さす	らむ	らる	じ	けむ	まじ	まし	まほし	ごとし	らし	しむ	ます	むず
0.01207	0.00125	0.00437	0.00083	0.00062	0.00125	0.00125	0.00104	0.00062	0.00125	0	0	0	0	0
0.00107	0.00277	0.00053	0.00202	0.00192	0.00171	0.00107	0.00149	0.00149	0.00021	0	0.00011	0	0	0
0.00183	0.00274	0.00046	0.00137	0.00229	0.00137	0.00046	0.00549	0.00091	0.00046	0	0	0	0	0
0.00314	0.00335	0.00188	0.00199	0.00209	0.00094	0.00146	0.00178	0.00042	0.00042	0.00021	0	0	0	0
0.00425	0.00223	0.00191	0.00181	0.00096	0.00106	0.00043	0.00064	0.00053	0.00074	0.00011	0	0	0	0
0.00114	0.00212	0.00098	0.00228	0.00277	0.00147	0.00130	0.00098	0.00065	0.00033	0.00016	0	0	0	0
0.00378	0.00234	0.00234	0.00162	0.00108	0.00234	0.00162	0.00090	0.00108	0.00054	0	0	0	0.00018	0
0.00299	0.00100	0.00199	0.00149	0.00249	0.00149	0.00249	0.00100	0.00498	0	0	0	0	0	0
0.00251	0.00196	0.00229	0.00207	0.00164	0.00076	0.00142	0.00087	0.00098	0.00033	0	0	0	0	0
0.00486	0.00228	0.00269	0.00093	0.00166	0.00093	0.00103	0.00083	0.00021	0.00041	0.00021	0.00010	0	0	0
0.00138	0.00276	0.00138	0.00138	0.00276	0	0	0	0	0	0	0	0	0	0
0.00358	0.00072	0.00131	0.00215	0.00238	0.00072	0.00095	0.00060	0.00155	0.00036	0	0	0	0	0
0.00267	0.00216	0.00140	0.00204	0.00102	0.00127	0.00102	0.00114	0.00140	0.00064	0	0	0	0	0
0.00365	0.00159	0.00143	0.00254	0.00127	0.00079	0.00143	0.00175	0.00111	0.00016	0.00032	0	0	0	0
0.00391	0.00195	0.00130	0.00152	0.00152	0.00152	0.00087	0.00152	0	0.00087	0	0	0	0	0
0.00107	0.00107	0.00107	0.00321	0.00107	0.00214	0.00321	0	0	0	0	0	0	0	0
0.00848	0.00328	0.00410	0.00164	0.00137	0.00109	0.00301	0.00082	0.00082	0.00055	0	0	0	0	0
0.00397	0.00199	0.00074	0.00248	0.00248	0.00124	0.00099	0.00099	0.00074	0.00025	0	0	0	0	0
0.00498	0.00166	0.00332	0.00116	0.00199	0.00083	0.00133	0.00066	0.00100	0.00033	0.00033	0	0	0	0
0.00225	0.00326	0.00150	0.00275	0.00150	0.00125	0.00100	0.00075	0.00100	0.00025	0	0	0	0	0
0.00389	0.00259	0.00259	0.00130	0.00199	0.00120	0.00110	0.00120	0.00139	0.00020	0.00010	0.00010	0	0	0
0.00195	0.00244	0.00098	0.00147	0.00208	0.00159	0.00110	0.00024	0.00195	0.00049	0.00012	0	0	0	0
0.00298	0.00261	0.00112	0.00037	0.00037	0.00074	0.00112	0.00186	0.00074	0.00037	0	0	0	0	0
0.00223	0.00248	0.00173	0.00173	0.00198	0.00173	0.00074	0.00149	0.00124	0.00025	0	0	0	0	0
0.00159	0.00372	0.00106	0.00080	0.00080	0.00186	0.00159	0.00133	0.00080	0.00027	0	0	0	0	0
0.00115	0.00414	0.00138	0.00115	0.00138	0.00230	0.00138	0.00092	0.00138	0.00023	0	0	0	0.00023	0
0.00306	0.00153	0.00153	0.00153	0.00306	0	0	0.00459	0.00306	0	0	0	0	0	0
0.00199	0.00313	0.00114	0.00256	0.00285	0.00057	0.00085	0.00171	0.00057	0.00142	0	0	0	0	0
0.00325	0.00210	0.00191	0.00153	0.00325	0.00172	0.00134	0.00134	0.00134	0.00038	0	0	0	0	0
0.00250	0.00358	0.00036	0.00250	0.00072	0.00215	0.00143	0.00394	0.00143	0.00107	0	0	0	0	0
0.00249	0.00221	0.00166	0.00124	0.00194	0.00111	0.00138	0.00180	0.00097	0.00041	0.00014	0	0	0	0
0.00605	0.00302	0.00467	0.00165	0.00165	0.00082	0.00027	0.00110	0.00192	0.00027	0	0	0	0	0
0.00203	0.00316	0.00158	0.00158	0.00113	0.00068	0.00090	0.00113	0.00068	0.00090	0.00023	0.00023	0	0	0
0.00347	0.00337	0.00233	0.00114	0.00208	0.00104	0.00094	0.00104	0.00074	0.00059	0.00015	0	0	0	0
0.00272	0.00114	0.00188	0.00143	0.00163	0.00099	0.00094	0.00119	0.00069	0.00035	0.00010	0	0	0	0
0.00315	0.00126	0.00189	0.00151	0.00114	0.00050	0.00139	0.00164	0.00139	0.00076	0	0	0	0	0
0.00217	0.00244	0.00217	0.00244	0.00135	0.00054	0.00135	0.00081	0.00054	0.00027	0	0	0	0	0
0.00691	0.00109	0.00400	0.00146	0.00109	0.00109	0.00073	0.00146	0	0.00146	0	0	0	0	0
0.00285	0.00228	0.00071	0.00214	0.00086	0.00235	0.00107	0.00128	0.00064	0.00050	0.00021	0	0	0	0
0.00269	0.00269	0.00215	0.00081	0.00161	0.00108	0.00054	0.00188	0	0.00081	0	0	0	0	0
0.00233	0.00023	0.00163	0.00093	0.00210	0.00070	0.00093	0.00093	0.00023	0.00047	0	0	0	0	0
0.00148	0.00297	0.00260	0	0.00111	0.00037	0.00223	0.00185	0.00111	0.00037	0.00037	0	0	0	0
0.00318	0.00397	0.00159	0	0.00079	0.00119	0.00159	0.00079	0.00119	0.00119	0.00040	0	0	0	0
0.00360	0.00384	0.00062	0.00186	0.00273	0.00112	0.00112	0.00037	0.00298	0.00112	0	0	0	0	0
0.00315	0.00219	0.00137	0.00274	0.00192	0.00137	0.00110	0.00041	0.00069	0.00082	0	0	0	0	0
0.00110	0.00343	0.00110	0.00165	0.00192	0.00151	0.00123	0.00178	0.00151	0.00041	0	0	0	0	0
0.00264	0.00413	0.00132	0.00298	0.00097	0.00229	0.00132	0.00178	0.00120	0.00069	0.00006	0	0	0	0
0.00253	0.00337	0.00169	0.00112	0.00225	0.00112	0.00079	0.00084	0.00197	0.00112	0	0	0.00028	0	0
0.00430	0.00435	0.00186	0.00175	0.00154	0.00159	0.00138	0.00159	0.00122	0.00064	0.00011	0.00005	0	0	0
0.00269	0.00354	0.00192	0.00246	0.00246	0.00200	0.00054	0.00139	0.00162	0.00069	0.00046	0	0	0	0
0.00506	0.00257	0.00229	0.00167	0.00139	0.00125	0.00125	0.00208	0.00097	0.00056	0.00007	0	0.00007	0	0
0.00517	0.00212	0.00237	0.00195	0.00195	0.00237	0.00305	0.00085	0.00203	0.00042	0	0	0	0	0
0.00359	0.00225	0.00190	0.00225	0.00218	0.00204	0.00246	0.00098	0.00042	0.00049	0.00014	0	0	0	0.00007
0.00309	0.00281	0.00253	0.00281	0.00169	0.00141	0.00225	0.00113	0	0.00113	0	0	0.00028	0	0

し，分析の結果はそうなっておらず，二つのグループの巻では助動詞の用い方に違いがあるように思われる．

そこで，もう少し詳細に二つのグループにおける助動詞の用い方の違いをみるため，第1部を構成するAグループとBグループの33巻だけを取り出して数量化III類で分析した結果が図 4.15 である．図中の数値は巻番号で，◆印はAグループの巻，◇印はBグループの巻である．この図から，54巻のなかで3番目に短い巻であるBグループの（巻16）「関屋」を除くと，残りの32巻は，A, Bの二つのグループにほぼ二分されており，したがって，この二つのグループでは21種類の助動詞の出現率，すなわち21種類の助動詞の用い方が少し異なっていることがわかる．

図 4.15 に21種類の助動詞を入れたのが図 4.16 である．これをみるとAグループの巻では，「き」,「さす」,「す」,「り」,「る」,などの出現率が比較的高く，Bグループの巻では「まじ」,「む」,「たり」などの出現率が比較的高いことがわかる．

ところで，第1部を構成するAグループとBグループの巻は，Aグループの巻の後にBグループの巻が続くというように，ある巻を境に第1部がAとBのグループに二分されているというわけではない．表 4.6 に示したように，Aグループのなかのところどころに Bグループの巻が入り込むというように，二つのグループの巻が混在している．

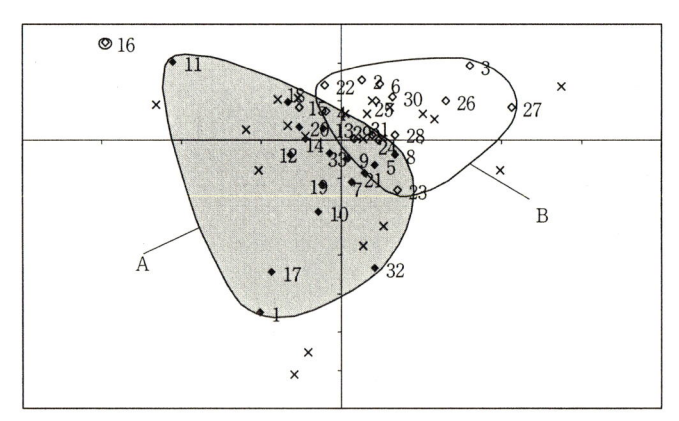

図 4.15 数量化III類による A, B グループ 33 巻の散布図（数字は巻番号，×印は助動詞，図 4.16 参照）

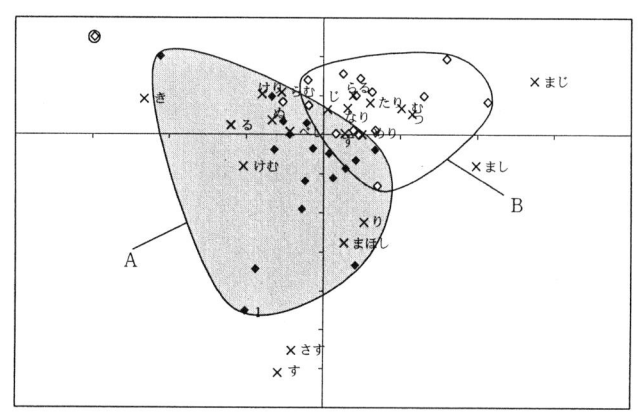

図 4.16 数量化III類による21種類の助動詞の散布図（◆：Aグループ，◇：Bグループ，図4.15参照）

この第1部の33巻が，現行の巻序に従って成立したかどうかに関しては，いくつかの説が出されている．たとえば，4.3.2項に示したように，武田宗俊氏はBグループの16巻はAグループの17巻の後に成立し，それがAグループのなかの随所に挿入され，今日の巻序になったという，玉鬘系の物語の後期挿入説を主張した．

他の品詞の出現率などの分析を待たねば結論は下せないが，Aグループの巻とBグループの巻が助動詞の出現頻度において相違を示すという図4.15や図4.16のような分析結果をみる限りでは，第1部の33巻は現行の巻序で成立したのではなく，Aグループ，Bグループというようにグループ別に成立したという可能性を一概に否定することはできない．

図4.17は，Cグループ，Dグループの二つのグループの巻だけに注目し，21種類の助動詞出現率を数量化III類で分析した結果である．▲印がCグループの巻で，△印がDグループの巻である．この場合も，Dグループの1巻（(巻48)「早蕨」）を除き，多少重複する領域はあるが，残りの20巻はCグループとDグループとにほぼ二分することができる．したがって，CとDの二つのグループ間でも助動詞の用い方に差があるといえる．図4.18はこの差をみるために図4.17に21種類の助動詞を入れた散布図で，Cグループの巻では「る」，「り」，などの出現率が比較的高く，Dグループの巻では「む」，「じ」，「らむ」，「つ」などの出現率が比較的高いことがわかる．

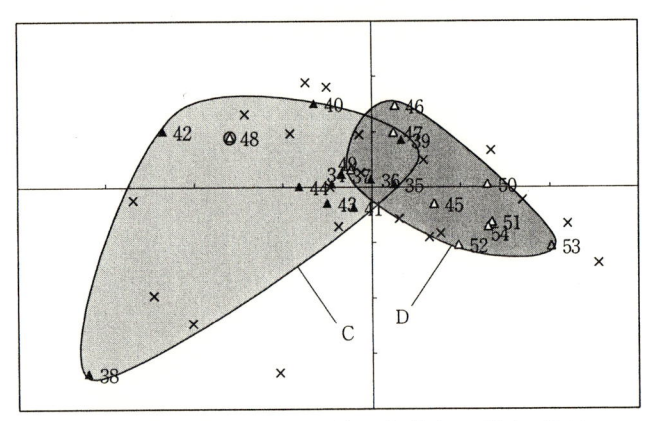

図 4.17 数量化Ⅲ類によるC,Dグループの散布図（数字は巻番号，×印は助動詞，図4.18参照）

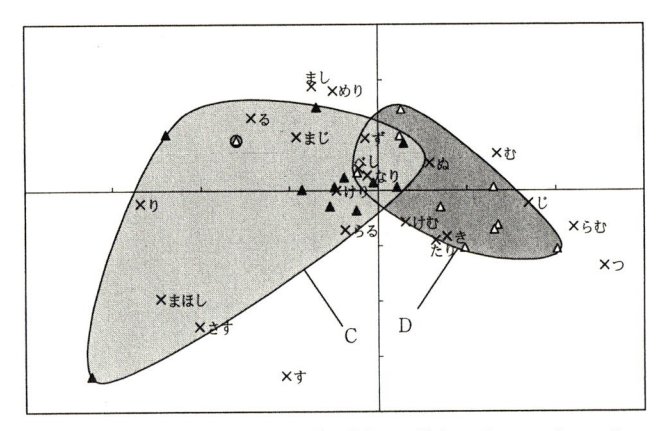

図 4.18 数量化Ⅲ類による21種の助動詞の散布図（▲：Cグループ，△：Dグループ，図4.17参照）

　以上のような助動詞の出現率の分析結果をもとに，この四つのグループの成立順序を考えてみるとどうなるであろうか．もし54巻がすべて紫式部の手になったものであり，Aグループが最初に，Dグループが最後に書かれたという前提に立てば，図4.14において，AグループとCグループが重なり，またBグループとDグループが重なっていることからして，『源氏物語』54巻はA, C, B, Dの順に書かれたという可能性が考えられる．データ分析から導出された『源氏物語』成立に関する一つの仮説ではあるが，検討する価値は十分あ

4.4 日蓮遺文の真贋問題

4.4.1 問題の所在

　文献に関する問題の一つに，文献の真贋判定がある．著名な文学者，哲学者，宗教家などの著作として日頃親しんでいる作品の中にも，贋作の疑いが持たれているものがある．贋作の存在は，思想，文学，宗教などの研究を混乱させ，時として学問上，宗教上の大きな論争をも引き起こす．そのため，多くの研究者によって贋作を見出すための努力がなされてきた．しかしながら，このような努力にもかかわらずいまだ解決をみていない文献も多い．4.1.2項で示したように，このような文献のいくつかに関してはすでに計量分析が試みられている．この節では，鎌倉時代の仏教者日蓮（1222-1282）の著作とされる5編の文献の真贋判定に関する計量分析を紹介する．

　日蓮宗の開祖日蓮のものとされる著述，書簡などは自筆を含め多量に残っている．しかしこれらのなかには，自分の著述，書簡などに日蓮の名を入れ，権威づけようとした贋作が含まれており，日蓮の思想，教義などを研究するうえで大きな障害となってきた．もちろん，書誌学的，文献学的，考証学的な面からの研究も盛んに行われてきてはいるが，ここでは，古くからその真贋が問題視されてきた5編の文献，『三大祕法稟承事』，『聖愚問答鈔』，『生死一大事血脈鈔』，『諸法實相鈔』，『日女御前御返事』について，計量的な観点から真贋判定を試みた研究を紹介する（村上・伊藤他，1991；伊藤・村上，1982）．

　この分析においては，真贋が問題となっている5編の文献のほかに，日蓮の文章の特徴を経年にわたって総合的に把握するため，1260年から1282年に至る22年間の日蓮の著作とみなしうる遺文24編と，これらの著作と対比すべき贋作16編，および門下2名（日順，日興）の著作5編の，合計50編の文献を用いた（表4.10）．分析に用いた50編の文献は，漢文体，和漢混合体，和文体の3種類の文体のものからなるが，漢文は読み下して分析に用いた．この際に読み下した人が同一であることが必要条件となる．そのためこの条件を満たしていると考えられる浅井要麟編『昭和新修日蓮聖人遺文全集』（平楽寺書店）をテキストに用いた．文章は，前節の『源氏物語』の分析の場合と同じように分かち書きし，各単語には品詞情報など分析に必要な情報を付加した．

表 4.10 日蓮遺文の真贋判定に用いた文献

執筆者	文献番号	文献名	執筆年	語数	漢文比率	執筆者	文献番号	文献名	執筆年	語数	漢文比率
日蓮真作	S01	二乗作佛事	1260	2570	0.802	日蓮贋作	G21	十八圓滿鈔	1280	2714	1.000
	S02	唱法蓮華題目鈔	1260	8078	0.142		G22	法華本門宗要鈔	1282	7078	1.000
	S03	顯謗法鈔	1262	8487	0.151		G23	臨終の一心三觀	?	753	1.000
	S04	持妙法華問答鈔	1263	3578	0.112		G24	十王讚歎鈔	1254	8566	0.032
	S05	藥王品得意鈔	1265	2363	0.702		G25	眞言見聞	1272	3841	0.458
	S06	善無畏鈔	1266	2023	0.311		G26	觀心本尊得意鈔	1275	619	0.118
	S07	眞言天臺勝劣事	1270	2236	0.255		G27	當體蓮華鈔	1280	2622	0.092
	S08	十章鈔	1271	1362	0.054		G28	法華大綱鈔	1266	3331	0.114
	S09	如說修行鈔	1273	2064	0.065		G41	問答鈔	1254	3439	0.006
	S10	呵責謗法滅罪鈔	1273	3444	0.070		G42	一念三千法門	1258	2369	0.170
	S11	木繪二像開眼事	1273	1159	0.218		G43	早勝問答	1271	3126	1.000
	S12	法蓮鈔	1275	7317	0.071		G44	放光授職灌頂下	1274	1078	1.000
	S13	本尊問答鈔	1278	4251	0.117		G45	成佛法華肝心口傳身造鈔	1275	2070	0.105
	S14	諸經與法華經難易事	1280	761	0.693		G46	本寺參詣鈔	1282	959	0.127
	S15	諫曉八幡鈔	1280	6369	0.207		G47	讚誦法華用心鈔	1282	2602	0.822
	S16	富城入道殿御返事	1281	1038	0.354		G48	萬法一如鈔	?	6112	0.151
	S17	曾谷二郎入道殿御報	1281	1872	1.000	真贋不明	M00	三大祕法稟承事	1281	1280	0.264
	S31	如来滅後五五百歳始觀心本尊鈔	1273	7894	1.000		M51	聖愚問答鈔	1265	13439	0.144
							M52	生死一大事血脈鈔	1272	893	0.230
	S32	顯佛未來記	1273	1971	1.000		M53	諸法實相鈔	1273	1665	0.102
	S33	法華取要鈔	1275	3512	1.000		M54	日女御前御返事	1277	2441	0.009
	S34	曾谷入道殿許御書	1275	6864	1.000	門下	D61	用心鈔(日順)	?	2539	1.000
	S35	太田入道殿御返事	1275	1524	1.000		D62	本門心底鈔(日順)	?	3352	1.000
	S36	始開佛乘義	1278	1013	1.000		D63	五人所破鈔(日順)	?	3103	1.000
	S37	妙一尼御返事	1280	2096	0.323		D64	富士一跡門徒存知事(日興)	?	2348	1.000
							D65	原殿御返事(日興)	?	1735	0.109

4.4.2 日蓮の文体の特徴

分析の概要は以下のとおりである.

まず50編の文献のなかで,真贋が不明の5編を除いた残りの45編の文献を,日蓮の著作(真作)と日蓮以外の人物の著作(贋作および門下の著作)の二つのグループに分け,それぞれのグループの文章を計量的な観点から比較し,日蓮の文体の特徴を把握する.次に真贋が問題となっている5編の文献の文章が,日蓮の著作にみられる特徴を有しているか否かを計量分析によって明らかにし,その結果に基づいて真贋判定を行う.

分析では日蓮の文体の特徴(くせ)を把握するため,文体に関する情報を
① 言葉に関する情報…1万数千種類の異なった言葉の出現率
② 文の構造に関する情報…文長,単語長,品詞の出現率など

4.4 日蓮遺文の真贋問題

に分けた.この2種類の情報は互いに独立で関係はないと考えられる.そこで,この2種類の情報を別々に分析し,前述の5編の文献の真贋に関し,同じ結論が得られるかどうかを調べることで真贋判定の信頼性を高めることとした.

日蓮の文体の特徴を抽出するため,『源氏物語』の分析においても用いた式 (4.1) で求められる統計量 t を利用する.ただし,この場合には,式(4.1)の $n_1, \bar{x}_1, S_1^2$ はそれぞれ,真作の文献数,真作における変数 x の平均値,分散であり,$n_2, \bar{x}_2, S_2^2$ はそれぞれ,日蓮以外の人物の文献数(贋作と門下の文献

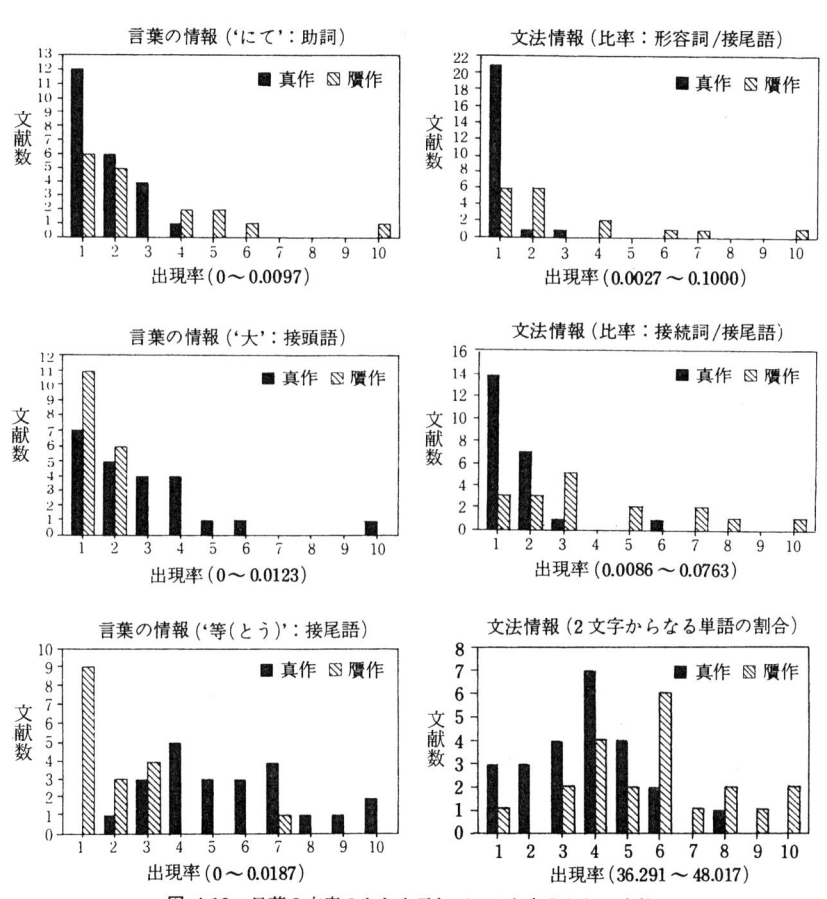

図 4.19 日蓮の文章のクセを示していると考えられる変数
図の横軸の値は各変数の出現率の範囲を10段階のクラスに組分けした場合のクラス名である.

数)とそれらの文献における変数 x の平均値,分散である.

図 4.19 は,この t 値を用いて抽出した日蓮の文体の特徴が現れていると考えられる変数の例である.

4.4.3 単語情報の分析

5 編の文献の真贋の判定にはクラスター分析法を用いた.クラスター分析法は 3.2.5 項に示したように個体(この問題では文献)の数量的特質が似ているものを順次集め,クラスターを作り,次第に大きなクラスターを作っていくことで個体の分類を行う計量的手法である.このとき,クラスターが作られていく過程はデンドログラムという図で示される.

この真贋判定の問題では,真贋が問題となっている 5 編の文献を除いた残り 45 編の文献が,日蓮の文献のクラスターと日蓮以外の人物の文献(贋作および門下の著作)のクラスターに二分されたときに,真贋が問題となっている文献がどちらのクラスターに含まれるかで,真贋判定を行うこととした.しかし,残念ながら後述するように,分析に用いる変数の組み合わせを変えて行ったどのクラスター分析においても,45 編の文献が日蓮の著作のクラスターと日蓮以外の人物の著作のクラスターに完全に二分されるという結果は得られなかった.そこで,日蓮の文献が日蓮以外の人物の文献が集まっているクラスターへ入ったり,逆に日蓮以外の人物の文献が日蓮の文献の集まっているクラスターに入ったりというような,誤分類された文献の数が 7 編以内の場合には,その分類がうまくいっているものとみなすこととした.そしてその場合に問題の文献がどちらのグループに含まれているかで真贋の判定をすることとした.

図 4.20 は,単語に関する情報を用いたクラスター分析の結果(デンドログラム)の一例である.この分析で用いた変数は,次の 15 種類の単語

所(形式名詞), これ(代名詞), 是(代名詞),   が(助詞),
ども(助動詞), にて(助詞),   より(助詞),   大(接頭語),
第(接頭語),   等(接尾語),   是の(連体詞), 況や(副詞),
何ぞ(副詞),   乃至(接続詞), 故に(接続詞)

の出現率である.クラスターの結合法は最長距離法で平方ユークリッド距離を用いている.

分析結果をみると,45 編の文献は,完全ではないがほぼ日蓮の著作のクラスターと日蓮以外の人物の著作のクラスターに二分されている.この場合,誤

4.4 日蓮遺文の真贋問題

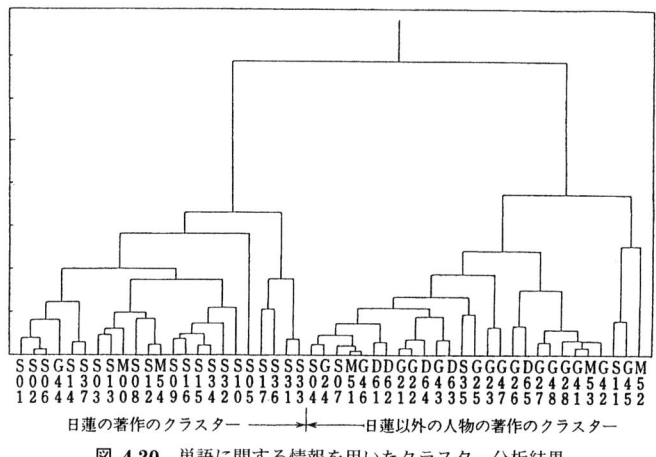

```
S S S G S S S S M S S M S S S S S S S S S S G S M G D D G G D G D S G G G G D G G G G M G S G M
0 0 0 4 1 3 0 1 0 0 1 5 0 1 1 3 3 1 0 1 3 3 3 0 2 0 5 4 6 6 2 2 6 4 6 3 2 2 4 2 6 2 4 2 4 5 4 1 4 5
1 2 6 4 4 7 3 3 0 8 2 4 9 6 5 4 2 0 5 7 6 1 3 4 4 7 1 6 1 2 1 2 4 3 3 5 5 3 7 6 5 7 8 8 1 3 2 1 5 2
  ←―――日蓮の著作のクラスター―――→|←―日蓮以外の人物の著作のクラスター―→
```

図 4.20 単語に関する情報を用いたクラスター分析結果
(平方ユークリッド距離, 最長距離法)

分類されたのは (S 04), (S 07), (S 11), (S 35), (G 44) の 5 文献である. 真贋が問題となっている 5 編の文献の場合, (M 00)『三大祕法稟承事』と (M 54)『日女御前御返事』の 2 編は日蓮著作のクラスターに含まれ, (M 51)『聖愚問答鈔』, (M 52)『生死一大事血脈鈔』, (M 53)『諸法實相鈔』の 3 編は日蓮以外の人物の著作のクラスターに含まれている.

分析に用いる変数（単語）とその組み合わせを変えてクラスター分析を繰り返し, 誤分類された文献が 7 編以内の 16 ケースの分析結果をまとめたのが表 4.11 である. 表中の「主成分得点を用いた場合」というのは, 数十種類の変数を用いて主成分分析を行い, 寄与率の高い十数個の主成分に関して各文献の主成分得点を求め, それらを用いてクラスター分析を行った結果であることを示している. この 16 ケースの結果をみると, (M 00)『三大祕法稟承事』および (M 54)『日女御前御返事』は, どの分析においても日蓮の著作のクラスターに含まれている. 残りの 3 編のなかで, (M 51)『聖愚問答鈔』と (M 52)『生死一大事血脈鈔』の 2 編は 16 ケース中 1 ケースだけ日蓮の著作のクラスターに含まれたが, (M 53)『諸法實相鈔』はついに一度も日蓮の著作のクラスターに含まれることはなかった.

表 4.11 言葉に関する情報を用いた場合のクラスター分析結果

文献名			日蓮の真作のクラスターに含まれた回数	
			オリジナル(生)データを用いた場合(10回)	主成分得点を用いた場合(6回)
真贋未決	00	三大祕法禀承事	10	6
	51	聖愚問答鈔	1	0
	52	生死一大事血脈鈔	1	0
	53	諸法實相鈔	0	0
	54	日女御前御返事	10	6
日蓮真作	01	二乘作佛事	9	6
	04	持妙法華問答鈔	0	0
	07	眞言天臺勝劣事	0	0
	11	木繪二像開眼事	0	0
	14	諸經與法華經難易事	9	0
	35	太田入道殿御返事	1	0
		上記以外の日蓮の真作	10	6
日蓮贋作	42	一念三千法門	1	0
	44	放光授職灌頂下	9	6
	46	本寺參詣鈔	1	0
		上記以外の贋作	0	0
門下	62	本門心底鈔	6	2
		上記以外の日興・日順の著作	0	0

4.4.4 文の構造情報の分析

図 4.21 は，文の構造に関する情報を用いた分析結果（デンドログラム）の一例である．分析に用いた情報は

① 接尾語の使用率
② 固有名詞から固有名詞への接続割合
③ 固有名詞から接尾語への接続割合
④ 動詞から接尾語への接続割合
⑤ 接尾語から普通名詞への接続割合
⑥ 接尾語から助詞への接続割合
⑦ 助動詞から接尾語への接続割合
⑧ (接尾語/名詞) の割合
⑨ (接尾語/動詞) の割合
⑩ (接尾語/形容動詞) の割合

4.4 日蓮遺文の真贋問題　　81

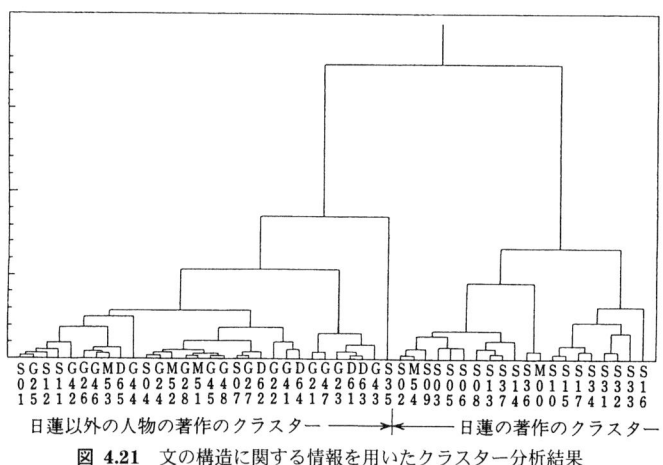

図 4.21　文の構造に関する情報を用いたクラスター分析結果
（標準化平方ユークリッド距離，可変法）

⑪（接尾語/助詞）の割合
⑫ 接尾語のユールの K 値
⑬ 文頭が接続詞である割合

の 13 変数で，文献の長さとの相関がみられる変数は含まれていない．また，各文献における漢文（本文や引用にみられる）の割合の違いが分析に影響しないように変数の値はあらかじめ修正したものを用いている．クラスターの結合法は可変法で，用いた距離は標準化平方ユークリッド距離である．この分析でも，50 編の文献は日蓮の著作のクラスターと日蓮以外の人物の著作のクラスターとの二つに大別されている．ただ，真作と考えていた文献のなかで，(S 01)，(S 04)，(S 07)，(S 11)，(S 12)，(S 35) の 6 編が日蓮以外の人物の著作のクラスターに含まれており，日蓮の著作が完全に一つのクラスターを構成するには至っていない．この分析では真贋が問題となっている 5 編の文献のなかで，(M 00)『三大祕法稟承事』，(M 54)『日女御前御返事』の 2 編は日蓮の著作クラスターに含まれているが，(M 51)『聖愚問答鈔』，(M 52)『生死一大事血脈鈔』，(M 53)『諸法實相鈔』の 3 編は日蓮以外の人物の著作のクラスターに含まれている．

表 4.12 には，言葉に関する情報の分析と同様に文の構造に関する変数を変えてクラスター分析を繰り返し，誤分類された文献の少ない 35 ケースの分析

表 4.12 文の構造に関する情報を用いた場合のクラスター分析結果

	文献名	日蓮の真作のクラスターに含まれた回数	
		オリジナル(生)データを用いた場合(15回)	主成分得点を用いた場合(20回)
真贋未決	00 三大祕法禀承事	15	20
	51 聖愚問答鈔	0	0
	52 生死一大事血脈鈔	0	0
	53 諸法實相鈔	3	0
	54 日女御前御返事	14	20
日蓮真作	01 二乘作佛事	1	0
	02 唱法華題目鈔	14	19
	04 持妙法華問答鈔	0	0
	07 眞言天臺勝劣事	0	0
	11 木繪二像開眼事	0	0
	12 法華鈔	8	0
	35 太田入道殿御返事	6	18
	上記以外の日蓮の真作	15	20
日蓮贋作	22 法華本門宗要鈔	0	18
	25 眞言見聞	2	0
	41 問答鈔	0	3
	42 一念三千法門	1	5
	44 放光授職灌頂下	11	0
	45 成佛法華肝心口傳身造鈔	5	0
	上記以外の贋作	0	0
門下	64 富士一跡門徒存知事(日興)	1	0
	上記以外の日興・日順の著作	0	0

結果を示してある．

　文の構造に関する情報を用いた分析では，真贋が問題となっている文献のなかで，(M 00)『三大祕法禀承事』は，35 ケースのいずれの分析においても日蓮の著作のクラスターに含まれ，また (M 54)『日女御前御返事』は 1 ケースを除き，すべて日蓮の著作のクラスターに含まれるという結果を得た．残りの 3 編のなかで (M 51)『聖愚問答鈔』，(M 52)『生死一大事血脈鈔』の 2 編は日蓮の著作のグループに一度も含まれず，(M 53)『諸法實相鈔』は 35 ケース中わずか 3 ケースにおいてのみ日蓮の著作のグループに含まれるという結果となった．

4.4.5 5編の文献の真贋について

表4.11，4.12に示したように，単語に関する情報を用いたクラスター分析（16ケース）においても，文の構造に関する情報を用いたクラスター分析（35ケース）においても，（M 00）『三大祕法稟承事』はすべて日蓮の著作のクラスターに属するという結果となった．したがって，この計量分析の結果をみる限りでは，『三大祕法稟承事』を贋作とみなすべき証拠は見出せなかった．

また（M 54）『日女御前御返事』は，日蓮以外の人物の著作のグループに含まれたのは言葉に関する情報の分析での1ケースのみであり，文体的には日蓮の文章とほぼ同じ特徴を有していると考えられ，したがって真作である可能性が高いといえる．これに対し，（M 51）『聖愚問答鈔』，（M 52）『生死一大事血脈鈔』，（M 53）『諸方實相鈔』の3編は贋作である可能性が高いといえよう．

なお，当初真作とみなしていた（M 04）『持妙法華問答鈔』は，単語情報を用いた分析（16ケース），文の情報を用いた分析（35ケース）で，すべて日蓮以外の著作のクラスターに入るという結果となったが，後でこの文献は弟子の著作であることが判明した．このことはこの章で紹介した単語と文の構造に関する情報を用いたクラスター分析の妥当性の傍証となった．

コラム 4　　ノーベル文学賞作品『静かなドン』は盗作か？

　ノーベル文学賞を受賞した作品に対して計量分析が試みられた．ロシア革命を描いた一大叙事詩，『静かなドン』によってショーロホフ（1905-1984）がノーベル文学賞を受賞したのは1965年であった．しかし9年後の1974年，パリで『静かなドン』の第1巻，第2巻の文章の95％，第3巻と第4巻の文章の68％〜70％は，1920年に他界したコサックの作家クリューコフのもので，ショーロホフはそれを編集加筆したにすぎないという『静かなドン』盗作説を主張する本が出版された．1925年に執筆が開始され，1928年に第1巻が出版されたこの『静かなドン』には発表時から盗作の噂が絶えなかったが，この本は，同じ旧ソ連のノーベル賞作家のソルジェニーツィンが，この盗作説を支持すると前書きに記したため話題を呼んだ．

　しかし，この盗作説はスウェーデンとノルウェーの研究者グループのコンピュータを用いた分析により否定された．彼らは『静かなドン』およびショーロホフとクリューコフの文章約15万語を分析し，平均文長，語彙の豊富さ（延べ語数に対する異なり語数の割合），文の長さの分布（図4.22），単語の長さの分布（図4.23）など多くの点で，『静かなドン』の文章はクリューコフの文章よりショーロホフの文章に近いことを確認し，さらに統計的な検定法などを用いて，『静かなドン』がクリューコフの手による可能性はほとんどないと結論している（Kjetsaa, G., *et. al.*, 1984）．

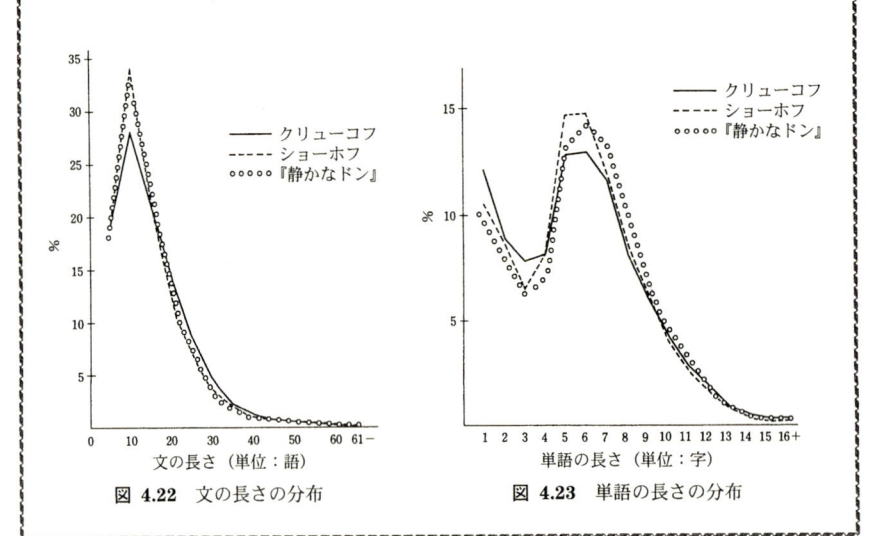

図 4.22　文の長さの分布

図 4.23　単語の長さの分布

5

美 を 計 る

5.1 美術と文化

　美の追求はおそらく人類の永遠の課題であり，何を美しいと感じるかは，心の在り様を理解するうえで重要な研究テーマといえる．人間の精神的知的活動の一つの表現型である美術品は，それが生み出された地域や時代の文化とも深く関係しており，文化の研究には欠かせないものである．

　絵画，彫刻などの美術品や，建築物などの美にかかわる研究は，形態美の研究と色彩美の研究に大別できる．しかし，いずれの研究においてもその多くは美術品や建築物などを鑑賞したときの，美しさにかかわる感性的情報を心理学的な側面から非計量的な方法で分析するというものである．

　この章で紹介する二つの研究はいずれも絵画の美に関する計量的な研究である．浮世絵に描かれた美人の顔の時代的推移に関する分析は形態美に関する研究であり，カラヴァッジョ，ユトリロ，マルクの絵の色彩の違いに関する分析は色彩美に関する研究である．後者は直接美とは何かを追求する研究ではないが，計量的な観点からの美の研究の基礎となるものである．

　絵画から得られるのはアナログ情報であり，それをデジタル化してどのように計量分析するかという研究はまだまだ少ない．2次元平面に描かれた絵画に関してさえ，このような状況であるのであるから，彫刻，建築物など3次元空間における美の研究への道のりは，はるかに遠いといえよう．

5.2 形態美を計る—浮世絵の分析—

5.2.1 江戸庶民の文化としての浮世絵

今日我々が浮世絵と呼んでいる絵画の大部分は木版画である．木版の浮世絵は，大量生産が可能なため，肉筆の浮世絵（紙や絹に直接絵を描いた浮世絵）に比べて安価である．そのため，江戸時代に庶民を対象として隆盛を極めた．明治に入り近代化の波のなかでしだいに衰退していったものの，しかし，市井や遊郭の女性，歌舞伎役者，相撲の力士などを画題とし，当時の風俗を描いた浮世絵は，江戸時代を代表する庶民の美術として江戸文化を理解するうえでは欠かせないものとなっている．

この浮世絵は突然世に現れたものではない．室町時代から浮世絵につながる風俗画の歴史がある．しかし，寛文12年（1672），挿絵入本『武家百人一首』に絵師として登場した菱川師宣（1630?-1694）の絵が，それまでの高価な肉筆画に代わり安価な版画として刊行されたことにより，浮世絵は急激に庶民のなかに浸透していった．この庶民の絵画に関する研究は，明治以降，海外での高い評価にもかかわらず，我が国においては研究が停滞していたような印象を受ける．しかし近年，国際浮世絵学会も設立され，ここにきて浮世絵の研究は江戸文化研究において重要な役割を担いつつある．

浮世絵には江戸時代の庶民の生活が描かれている．したがって単に美術品としての観点，あるいは，木版印刷の技術的所産という観点からの興味深い研究対象であるだけでなく，人文学の資料として民俗学，歴史学，宗教学，文学などの研究領域において重要な研究対象となっている．ここでは江戸時代の庶民が求めた美というものの変化を探るという観点から，浮世絵美人画に描かれた女性の顔に焦点を絞って分析する．庶民が女性に求めた美というものが250年以上にわたる長い江戸時代のなかでどのように変わっていったのか，また，各流派や個々の絵師によって描く顔に特徴があったのかどうかを，従来の感性的な観点とは異なり，顔の形を計量的な観点から分析し，浮世絵の研究の新たな方向性を探ることとする．

絵画に描かれた「物」の形状を計量的に分析した研究は少ない．したがって，何を計測し，どのような方法で分析すると形の美しさが評価でき，また絵師の特徴が把握できるのか，現時点ではよくわかっていない．木版浮世絵の場

合，描かれている人物の形状が明瞭である．したがって形状の計量的分析には都合がよい．ここでは，目，鼻，口，耳などの顔の部品間の角度に注目した分析を紹介する（村上他，2001；山田・早川・村上・埴原，2002）．

5.2.2 美人の顔の計測

浮世絵の美人画に描かれている顔の多くは斜め横向きである．したがって，この分析では斜め横向きの顔のみを分析の対象とした．分析の対象は，江戸時代の代表的な9人の浮世絵師（菱川師宣，西川祐信，鈴木春信，鳥居清長，喜多川歌麿，葛飾北斎，歌川豊国，渓斎英泉，歌川国芳）が描いた美人の顔である．表5.1に示したように，それぞれ絵師について4点から11点の顔を選んだ．顔の総数は53である．各絵師の活躍期は表5.1に示したとおりであるが，ここでは便宜的に9人の活躍期を前期，中期，後期の三つに区分してある．

図5.1は9人の絵師が描いた顔の例である．喜多川歌麿に関しては分析に用いた顔が11点と多かったため，前期，後期と区別してある．

分析対象の顔の計測位置は，左右の眉，目の端，鼻頭，下顎下縁などあらかじめ設定した図5.2の37か所である．この37の計測点の位置情報から，たとえば，点a, b, cを結ぶ角度∠abcというように三つの計測点の間の角度を求め，この角度情報を用いて各絵師が描く美人の顔の特徴を探ってみる．角度情報を用いたのは，計測点間の角度は描かれた顔の大きさに関係しないという利点があるためである．

計測点の測定法は，横基線，縦基線およびこれらの基線を平行移動して得られる副基線を用いる埴原の方法（山田・早川・村上・埴原，2002）を基本とし

表 5.1 9人の絵師の活躍期と分析した顔の数

区分	絵師	活躍期	分析した顔の数
前期	菱川師宣	1670〜1694	5
	西川祐信	1692〜1750	6
	鈴木春信	1760〜1770	5
中期	鳥居清長	1767〜1815	6
	喜多川歌麿	1775〜1806	11
	葛飾北斎	1779〜1849	4
	歌川豊国	1788〜1825	5
後期	渓斎英泉	1810〜1848	6
	歌川国芳	1812〜1861	5

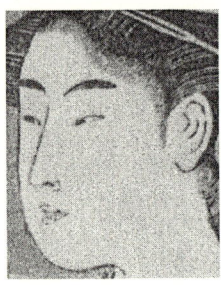

菱川師宣	鈴木春信	西川祐信
鳥居清長	喜多川歌麿（前）	喜多川歌麿（後）
葛飾北斎	歌川豊国	渓斎英泉
歌川国芳		

図 5.1　9人の絵師による美人の顔

5.2 形態美を計る

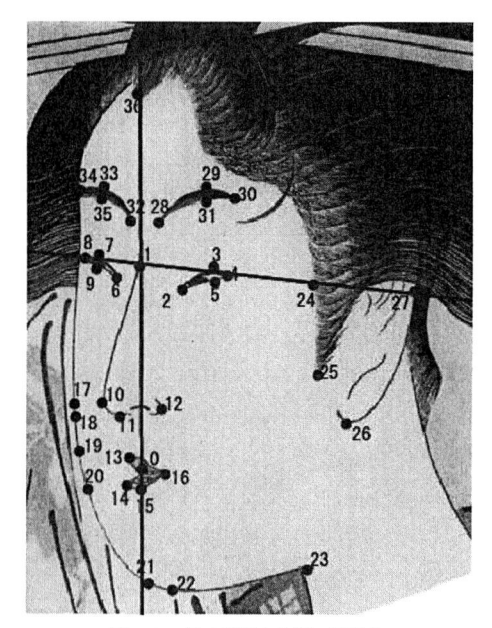

図 5.2 顔の計測点と縦・横基線

ているが，横基線の設定法は埴原の方法とは多少異なる．

基線の設定は以下のとおりである．

・横基線…左右の眼裂上縁の最大高を結ぶ直線
・縦基線…横基線と鼻稜線の交点，および口唇の中央点を結ぶ

またこれらの基線を平行移動して得られる副基線を用いて，分析に必要となると思われる以下の 37 か所の点の測定を試みた．

0．口唇の中央点
1．横基線と鼻稜線との交点
2．右側の眼裂の最近点
3．右側の眼裂上縁の最高点
4．右側の眼裂の最遠点
5．右側の眼裂上縁の最高点(3)を通る縦副基線と眼裂下縁との交点
6．左側の眼裂の最近点
7．左側の眼裂上縁の最高点

8. 左側の眼裂の最遠点
9. 左側の眼裂の最高点を通る縦副基線と眼裂下縁との交点
10. 鼻尖の左端
11. 鼻の下縁の最下点
12. 鼻の鼻翼の右端
13. 口唇上縁左端
14. 口唇下縁左端
15. 口唇下縁の最下点
16. 口唇上縁と下縁との交点
17. 頬輪郭の最高点
18. 点(11)を通る横副基線と頬輪郭との交点
19. 左側の口唇上縁の最遠点を通る横副基線と頬輪郭の交点
20. 左側の口唇下縁の最遠点を通る横副基線と頬輪郭の交点
21. 下顎下縁と縦基線との交点
22. 下顎下縁の最下点
23. 下顎下縁と首との交点
24. 横基線と手前の髪の生え際との交点
25. 右側の耳前の髪の生え際の最下点
26. 右側の耳の最下点
27. 横基線上の耳の最遠点
28. 右側の眉の最近点
29. 右側の眉上縁の最高点
30. 右側の眉の最遠点
31. 右側の眉上縁の最高点を通る縦副基線と眉下縁との交点
32. 左側の眉の最近点
33. 左側の眉上縁の最高点
34. 左側の眉の最遠点
35. 左側の眉上縁の最高点を通る縦副基線と眉下縁との交点
36. 縦基線と髪の生え際との交点

　この37か所の点は，分析対象の9人の絵師の計53点の顔のすべてにおいて，必ずしも計測できるわけではない．顔の横向の角度や髪型によって，計測

5.2 形態美を計る

不可能なためいくつかの値が欠測値となってしまった顔がある。そのため、欠測値がある計測点はこの分析では用いないこととした。

次に計測点の位置座標から、3点 a, b, c 間の角度を次の式で求める。いま3点 a, b, c の X 座標と Y 座標をそれぞれ $(X_a, Y_a), (X_b, Y_b), (X_c, Y_c)$ とし、$\angle abc = \theta$ とすると、θ は

$$\theta = \frac{A \times 360}{2\pi}$$

で求まる。ここで、

$$A = \cos^{-1} \frac{(ab \cdot bc)}{|ab||bc|}$$

$$(ab \cdot bc) = (X_a - X_b)(X_c - X_b) + (Y_a - Y_b)(Y_c - Y_b)$$

$$|ab| = \sqrt{(X_a - X_b)^2 + (Y_a - Y_b)^2}, \quad |bc| = \sqrt{(X_c - X_b)^2 + (Y_c - Y_b)^2}$$

である。

分析の際に、どの3点間の角度を用いたらよいかは大きな問題である。絵師の描く顔の特徴（差異）がどの角度に現れるかに関して、情報が皆無であったため、この分析では、表5.2に示した30種類の角度をまず求め、次にこれらのなかから、異なった絵師の絵の間ではバラツキが大きく、同一絵師の絵ではバラツキが小さい角度を選び、このようないくつかの角度を組み合わせて分析

表 **5.2** 計測した30種類の角度（変数）と分析に使用した角度

変数	計測した角度	分析に使用した角度	変数	計測した角度	分析に使用した角度	変数	計測した角度	分析に使用した角度
1	∠32, 1, 28		11	∠7, 0, 3	○	21	∠1, 26, 21	○
2	∠32, 0, 28	○	12	∠1, 10, 12	○	22	∠0, 20, 22	
3	∠32, 21, 28		13	∠10, 0, 12	○	23	∠1, 25, 21	○
4	∠30, 1, 34		14	∠13, 16, 14		24	∠28, 26, 30	
5	∠30, 0, 34		15	∠1, 16, 21		25	∠28, 2, 30	
6	∠30, 21, 34		16	∠1, 17, 21	○	26	∠28, 4, 30	
7	∠28, 1, 30		17	∠1, 17, 0	○	27	∠1, 10, 11	○
8	∠33, 1, 29	○	18	∠1, 18, 21		28	∠13, 26, 14	
9	∠6, 1, 2		19	∠1, 18, 0		29	∠1, 6, 0	
10	∠6, 0, 2	○	20	∠1, 16, 0	○	30	∠1, 23, 0	

を行った．

5.2.3 美人の顔の変遷

分析では，表 5.2 に示した 30 種類の角度のなかから，図 5.3 に示したような変数番号 2, 8, 10, 11, 12, 13, 16, 17, 20, 21, 23, 27 の 12 種類の角度を用い，主成分分析（3.2.3 項参照）とクラスター分析（3.2.5 項参照）の両方で顔の形状の分析を行った．

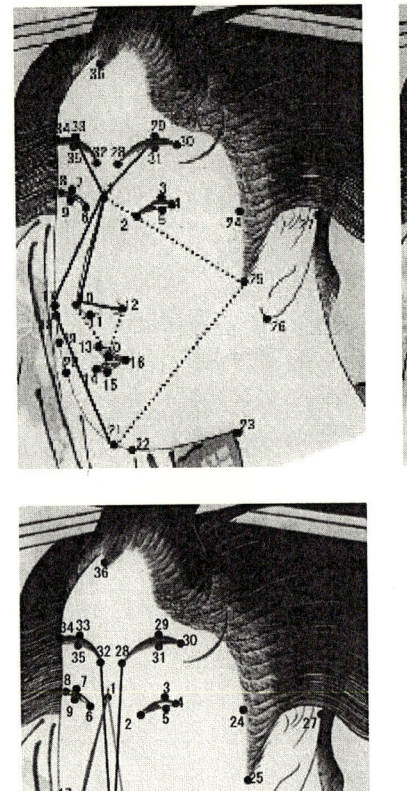

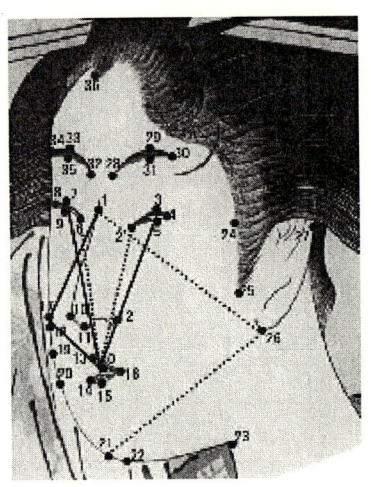

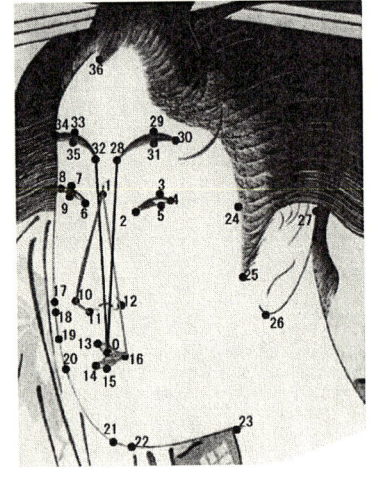

図 5.3 分析に用いた 12 種類の角度

主成分分析の分析結果（第5主成分までを表示）は表5.3のようになっており，第2主成分までの累積寄与率は約56%である．したがって第1主成分，第2主成分という二つの合成変数に12種類の角度の持つ情報の半分以上が含まれており，この二つの主成分だけを用いて分析を行ってもよさそうである．

表5.3の固有ベクトルの値からすると，第1主成分は顔の長さに関係しており，この値が大きくなるほど面長な顔と考えられる．第2主成分は明確に解釈するのはむずかしいが，眉や目の間の幅が狭く，かつ鼻が大きいと値が小さくなり，逆の場合は大きくなるような合成変数であり，顔の横向きの角度に関係した変数と考えられる．

さて，この分析結果に基づき53点の顔を2次元上に配置したのが図5.4である．各絵師の描く顔は絵師ごとにかなりよくまとまっている．したがって，この12種類の角度の情報で絵師が描く美人の顔の特徴が相当程度把握できていることがわかる．

さらに，この図の左側には前期の絵師である師宣，祐信，春信の3人，中央には中期の絵師である清長，歌麿，北斎，豊国の4人，右側には後期の絵師である英泉，国芳の2人が位置しており，絵師の活躍時期（前期，中期，後期）によって顔貌表現に特徴があることがわかる．さらに，第1主成分が顔の長さ

表 5.3 9人の絵師の53点の顔の主成分分析結果

	第1主成分	第2主成分	第3主成分	第4主成分	第5主成分
2 : 32, 0, 28	−0.3362	0.33669	0.01472	0.03932	0.22627
8 : 33, 1, 29	0.14039	−0.15794	0.38382	0.60018	0.36443
10 : 6, 0, 2	−0.28603	0.284	0.46185	−0.02845	0.04813
11 : 7, 0, 3	−0.30027	−0.03054	0.25236	−0.44188	−0.01979
12 : 1, 10, 12	−0.24583	0.13382	−0.37525	0.41909	−0.38849
13 : 10, 0, 12	−0.03874	−0.35032	0.52196	0.07551	−0.68012
16 : 1, 17, 21	0.38013	0.08116	−0.08694	0.06195	−0.26203
17 : 1, 17, 0	0.37378	0.20825	−0.05459	0.07356	−0.06989
20 : 1, 16, 0	0.237	−0.49504	0.06866	−0.0245	0.32953
21 : 1, 26, 21	0.34122	0.24851	0.17865	−0.3796	0.02947
23 : 1, 25, 21	0.37575	0.14474	−0.00172	−0.19051	−0.1284
27 : 1, 10, 11	0.18804	0.51162	0.33919	0.26571	−0.01751
固有値	5.2012	1.5409	1.4368	1.0772	0.7963
寄与率	0.4334	0.1284	0.1197	0.0898	0.0664
累積寄与率	0.4334	0.5618	0.6816	0.7713	0.8377

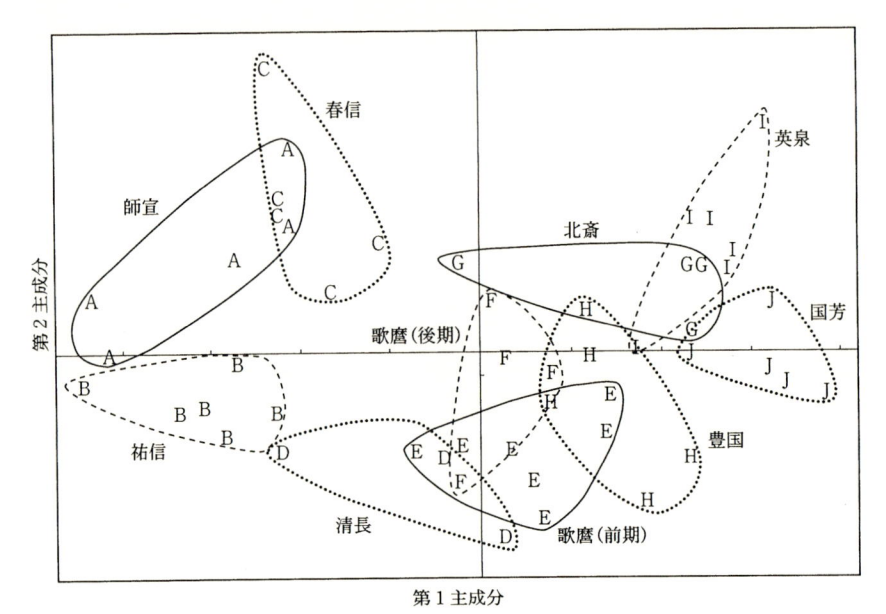

図 5.4 9人の絵師による顔の主成分分析結果（相関行列，第1主成分，第2主成分）
A：菱川師宣，B：西川祐信，C：鈴木晴信，D：鳥居清長，E：喜多川歌麿（前期），
F：喜多川歌麿（後期），G：葛飾北斎，H：歌川豊国，I：渓斎英泉，J：歌川国芳.

に関係していることから，美人の顔が前期の丸顔からしだいに後期の面長な顔に変化している様子も読みとれる．

次に，同じ12種類の角度の情報を用いてクラスター分析を試みた．図5.5は標準ユークリッド距離を用いたクラスター分析結果のデンドログラムである．クラスターの結合方法は最長距離法である．点線の位置でデンドログラムを切断してみると，53点の顔は四つのクラスターに分かれる．ここで，それぞれのクラスターに含まれる絵師および顔の数を調べてみると，次のようになっている．

クラスターⅠ…師宣 (2)，春信 (3)

クラスターⅡ…師宣 (3)，祐信 (6)，清長 (1)

クラスターⅢ…英泉 (6)，国芳 (5)

クラスターⅣ…清長 (5)，歌麿 (11)，北斎 (4)，豊国 (5)，春信 (2)

したがって，それぞれのクラスターは次のように解釈することができる．

クラスターⅠ・Ⅱ…前期絵師の顔のクラスター

5.2 形態美を計る

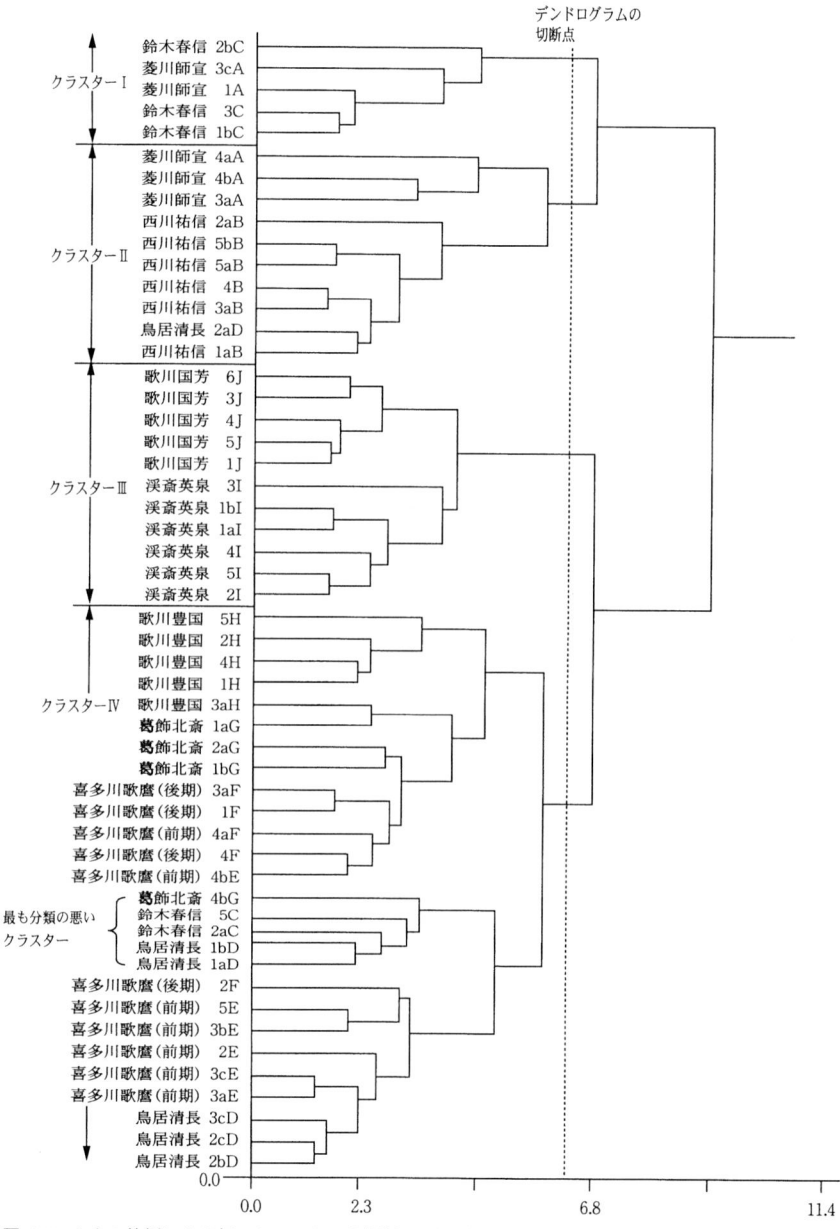

デンドログラムの切断点

クラスターI
- 鈴木春信　2bC
- 菱川師宣　3cA
- 菱川師宣　1A
- 鈴木春信　3C
- 鈴木春信　1bC

クラスターII
- 菱川師宣　4aA
- 菱川師宣　4bA
- 菱川師宣　3aA
- 西川祐信　2aB
- 西川祐信　5bB
- 西川祐信　5aB
- 西川祐信　4B
- 西川祐信　3aB
- 鳥居清長　2aD
- 西川祐信　1aB

クラスターIII
- 歌川国芳　6J
- 歌川国芳　3J
- 歌川国芳　4J
- 歌川国芳　5J
- 歌川国芳　1J
- 渓斎英泉　3I
- 渓斎英泉　1bI
- 渓斎英泉　1aI
- 渓斎英泉　4I
- 渓斎英泉　5I
- 渓斎英泉　2I

クラスターIV
- 歌川豊国　5H
- 歌川豊国　2H
- 歌川豊国　4H
- 歌川豊国　1H
- 歌川豊国　3aH
- 葛飾北斎　1aG
- 葛飾北斎　2aG
- 葛飾北斎　1bG
- 喜多川歌麿(後期)　3aF
- 喜多川歌麿(後期)　1F
- 喜多川歌麿(前期)　4aF
- 喜多川歌麿(後期)　4F
- 喜多川歌麿(前期)　4bE

最も分類の悪いクラスター
- 葛飾北斎　4bG
- 鈴木春信　5C
- 鈴木春信　2aC
- 鳥居清長　1bD
- 鳥居清長　1aD

- 喜多川歌麿(後期)　2F
- 喜多川歌麿(前期)　5E
- 喜多川歌麿(前期)　3bE
- 喜多川歌麿(前期)　2E
- 喜多川歌麿(前期)　3cE
- 喜多川歌麿(前期)　3aE
- 鳥居清長　3cD
- 鳥居清長　2cD
- 鳥居清長　2bD

0.0　　2.3　　　　6.8　　　　11.4

図 5.5 9人の絵師による顔のクラスター分析結果（標準ユークリッド距離，最長距離法，記号 A〜J は図 5.4 に対応）

クラスターIII…後期絵師の顔のクラスター
クラスターIV…中期絵師の顔のクラスター

この四つのクラスターにおいて間違って分類された顔，つまり本来属すべき活躍期のクラスターに含まれなかった顔は，清長が1点（クラスターIVに属すべきものがクラスターIIに），春信が2点（クラスターIに属すべきものがクラスターIVに）で，53点中でわずかに3点である．早い段階でクラスターが構成される絵師ほど顔の特徴が明確であると考えられるが，このデンドログラムで各絵師のクラスターの生成過程を詳しく検討してみると，国芳，英泉の2人の描く顔はかなり早い段階で完全なクラスターを構成しており，また他の絵師の顔も比較的まとまってクラスターを構成していることがわかる．ただ，図5.5のクラスターIVのなかの，5点の顔からなる比較的小さなクラスターのな

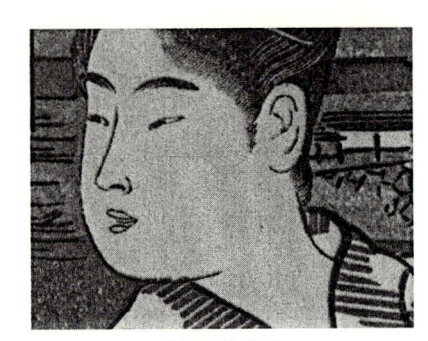

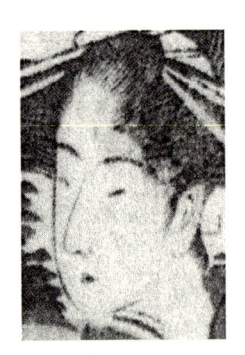

鳥居清長（1a）　　　　　　　鳥居清長（1b）

鈴木春信（5）　　　鈴木春信（2a）　　　葛飾北斎（4b）

図 5.6　最も分類の悪いクラスターに含まれる顔

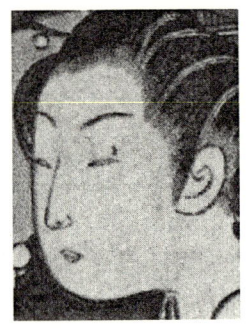

かに，北斎，春信，清長の3人の絵師の顔が混在している．この部分がこのクラスター分析において絵師の顔の分類が最も成功していない個所である．そこでどのような顔の分類がむずかしいのかをみるため，このクラスターに含まれる5点の顔を並べてみたのが図5.6である．5点の顔を比較してみると，春信の(5)と(2a)の顔と北斎の(4b)の顔はかなり異なるという印象を受けるが，分析に用いた12種類の角度ではこの違いがうまく検出できていない．どのような角度の情報をどのように組み合わせて用いると，この5点の顔をそれぞれの絵師のクラスターに含ませることができるのか，この点に関してはこれまでのところよい結果は得られていない．

この分析に用いたのは9人の絵師の53点の顔であるが，さらに，絵師の数や分析対象の顔の数を増やしたときに，表5.2に示した角度だけで分類がうまくいくかどうかの問題も残る．ただ，ここでの主成分分析とクラスター分析の結果をみる限りでは，二つの分析法の分類結果は詳細な点で多少異なっているものの，全体的にはほぼ同じような結果となっている．したがって，角度情報を用いた計量分析が絵師の描く顔の特徴の抽出や絵師の同定に役立つ可能性は高い．

5.3 色彩美を計る

5.3.1 色と文化

日本語には色を表す言葉が数多くある．日本工業規格のなかの物体色の色名(JIS Z 8102)には，現在まで慣用的に使用されてきた，蘇芳，茜色，弁柄，鬱金色，萌黄，新橋色，納戸色，利休ねずみ，のような今では一般の人がほとんど使用しない色名から，肌色，空色，ワインレッドのようなよく使用される色まで記載されている(鈴木，2000)．

人間は必要に応じて言葉を作ってきた．日常生活に必要な言葉に始まり，美を表現するために必要な言葉，思考内容を表現するのに必要な言葉というように，文化の発展とともに言葉は増加してきた．色を表す言葉の多様さも文化の発展と関係があり，この観点からの文化の研究が考えられる．

一方，どのような色，あるいは，どのような色との組み合わせを美しいと感じるかも，また人間の精神的な営み，心の在り様と密接に関係する．したがって時代や地域の文化に深く根ざしている．しかし，色を表す言葉がどのくらい

あるかは数え上げることはできても，色や色の組み合わせの美しさをどのようにしたら計ることができるのかを計量的な観点から探求した研究は少ない．

近年，色彩に関する美学と科学を結ぶ研究は，"color"を仲立ちとする"interaction between art and science"あるいは"reconciliation between art and science"の標語のもとに，諸学会で取り上げられているという（小林，1999）．しかしながら，色彩の美しさの計測・評価は，前節で示した形の美しさの計測・評価と同様に非常にむずかしい問題である．本節では，色彩の美しさの計量的評価そのものに関する研究ではないが，画家の描く絵の特徴を色彩という観点から把握し，3人の画家の絵の分類を試みた小林光夫氏の研究を紹介する．

5.3.2 色分布に基づくカラヴァッジォ，ユトリロ，マルクの絵の分類

小林光夫氏は色分布の類似性に基づき複数の画家の絵の分類をクラスター分析で試みている（小林，1999）．絵画の色分布（color distribution）というのは，絵画の構成色が（画面のどこに配置されているかは無視して）画面上のどのくらいの面積を占めているかつまり，絵画の構成色が画面上に占める面積の割合を示したものである．

ただし，実際の絵画の画像は数万色～数十万色の色から構成されているので，このような多数の色の分布を求めるのはむずかしい．ただ人間が肉眼で認識できる色はせいぜい数十色であると考えられる．そこでまず前処理で，原画の色彩情報をできるだけ損なわないようにして似ている色を一つの色（代表色）でおきかえる．このようにして少数の離散的な代表色を選出し，この代表色が画面上に占める面積を求め，この代表色の色分布を分析に用いている．

小林氏は色分布間の類似度として，線形計画法の一つである輸送問題での最小費用法を用い，またクラスター分析法も最長距離法を改良した方法を用いている．

分析対象は，カラヴァッジォ（M.M. da Caravaggio, 1573-1610），ユトリロ（M. Utrillo, 1883-1955），マルク（F. Marc, 1880-1916）の3人の計50作品である．

表5.4に示したのは，分析に用いたカラヴァッジォの19作品のリストである．一般にカラヴァッジォの絵は，明暗のコントラストがきわめて大きく，黄-茶系を主とし若干の赤や緑を交えているのが特徴である．

5.3 色彩美を計る

表 5.4 カラヴァッジォの作品

略号	作品名	作年
C 10	音楽家	1595–96
C 02	リュートを弾く若者	1595–96
C 03	女占い師	1596–97
C 04	マグダラのマリアの回心	1598
C 05	聖マタイの召し出し	1599–1600
C 06	聖マタイの殉教	1599–1600
C 07	エマオの晩餐	1601
C 08	果物籠	1598–99
C 09	エジプトへの逃走中の休息（部分）	1596–97
C 10	病めるバッカス	1593–94
C 11	果物籠を持つ少年	1593–94
C 12	若きバッカス	1596
C 13	聖女カテリーナ	1598
C 14	聖ペテロの磔刑	1601
C 15	聖パウロの改宗	1601
C 16	キリストの埋葬	1602–03
C 17	聖母の死	1606
C 18	ロザリオのマドンナ	1607
C 19	慈悲の七つの行い	1606

表5.5はユトリロの23作品のリストである．表5.5で取り上げた「白い時代」のユトリロの作品は，明るい白や黄の壁と青い空といった単純な補色配色に，屋根の赤などのアクセントが添えられ，みる人に素朴でおだやかな印象を与える．

表5.6はマルクの8作品のリストで，マルクの作品は，色相および明暗の対比を効果的に用いており，特に彩度の高い黄，青，緑，赤の配色が効果的である．

カラヴァッジォ，ユトリロ，マルクの3人の画家の50作品を，代表色の色分布の情報を用いてクラスター分析で分類した結果を図5.7に示した．色分布の類似した（色分布間の距離の短い）絵から結合し，クラスターの総数が次第に少なくなっていく様子がみてとれる．いま，距離30(点線)の位置でデンドログラムを切断してみると，50作品は六つのクラスター C_1, UT_1+C_2, UT_2, Ma_1, Ma_2, Ma_3 に分類される．この六つのクラスターに含まれる絵が実際にどのような絵であるかを口絵に示した．

カラヴァッジォの作品に関しては，C 08 を除いた18作品がまとまってクラ

表 5.5 ユトリロの作品

略号	作品名	作年
Ut 01	サルセルの大通り	1908 頃
Ut 02	サントゥアンの絵具屋	1909 頃
Ut 03	モンマルトル ノルヴァン通り	1910
Ut 04	パリ サンジェルヴェー教会	1910 頃
Ut 05	シャティヨン・シェール・セーヌの教会	1911 頃
Ut 06	マルカデ通り	1911 頃
Ut 07	フェルテ・ミロンの城	1912 頃
Ut 08	サント・マグリット教会	1912 頃
Ut 09	サン・ジャン・オー・ボアの教会	1912 頃
Ut 10	モンマルトル トローゼ通り	1913 頃
Ut 11	コルシカの教会	1913 頃
Ut 12	村の教会	1913 頃
Ut 13	モンマルトル ノルヴァン通り	1914 頃
Ut 14	モン・ルステック通り	1914 頃
Ut 15	オー・カポー・ド・リル・デ・サンジュ酒場	1918 頃
Ut 16	ジュノ大通りのユトリロの家	1927 頃
Ut 17	サン・ドニ	1930 頃
Ut 18	モンマルトル アペス広場	1931 頃
Ut 19	パリ市の城壁	1933 頃
Ut 20	ピエーヴルの教会	1934 頃
Ut 21	モンマルトルの雑木林	1935 頃
Ut 22	シュパンソーのユニオン・ホテル	1937
Ut 23	モンマルトルの三風車	1943

表 5.6 マルクの作品

略号	作品名	作年
Ma01	風景のなかの馬	1910
Ma02	黄色い牛	1911
Ma03	雨のなか	1912
Ma04	2匹の猫	1912
Ma05	青い鹿	1913
Ma06	歓待者聖ユリアヌス	1913
Ma07	動物の運命	1913
Ma08	戦うフォルム	1914

スター（C_1）を構成している．口絵をみると，このクラスター（C_1）に含まれる18作品は，カラヴァッジョの色彩の特徴である黄-茶系を主とした明暗のコントラストの大きい作品ばかりである．ユトリロの23作品は，二つのクラス

5.3 色彩美を計る

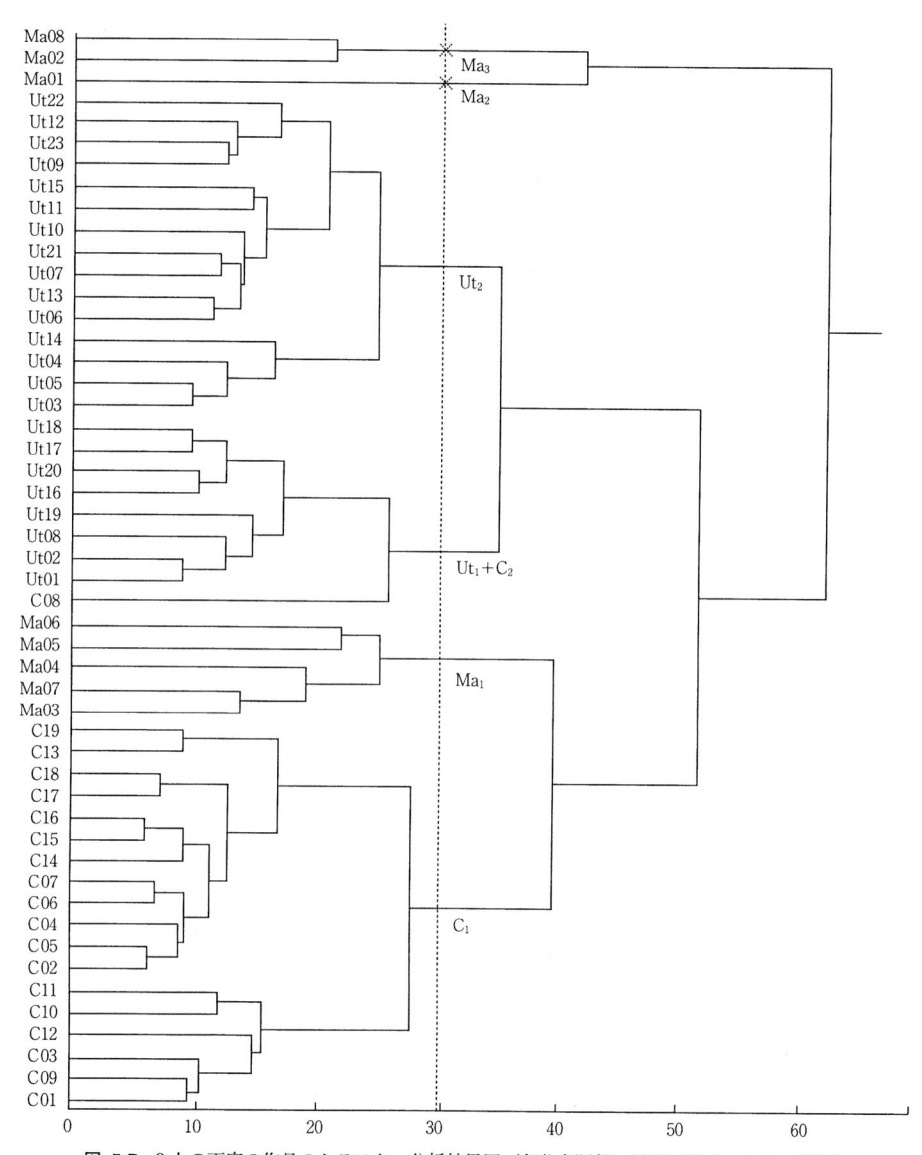

図 **5.7** 3人の画家の作品のクラスター分析結果図（色分布距離，最長距離法，小林，1999）

ター Ut_1+C_2 と Ut_2 に分かれているが，これも口絵をみるとこの二つのクラスターの違いがみてとれる．また，このうちの一つのクラスター Ut_1+C_2 にカラヴァッジョの作品の C 08 が含まれている．この C 08 は色彩という観点からは他のカラヴァッジョの作品とは異なっているので，この分析結果を小林氏は納得のいく結果であるとしている．またマルクの作品は三つのクラスターに分かれているが，これは色使いの違いである．

このクラスター分析の結果をみると，代表色の色分布の類似度に基づく 3 人の画家の絵の分類はほぼうまくいっている．小林氏は，この 3 人の画家を含めた 10 人の画家の 183 作品についても同じようにしてクラスター分析で分類を試み良好な結果を得ている．

小林氏の研究は，色彩の美しさの計量的評価そのものに関する研究ではない．しかし，これまでほとんど手がつけられていなかった色彩美の計量分析の基礎となる方法論を実例をもって示した点で重要である．

コラム 5 : 　　　人とコンピュータのパターン認識

　人間とコンピュータではどちらの方がパターン認識能力に優れているのであろうか．たとえば，顔の認識を例にとると，笑い顔でも，泣き笑いでも，怒った顔でも，人間は同じ人の顔と認識できるが，コンピュータはどうか．おそらく，現時点では顔全体を総合的に認識する能力は人間のほうが優れていると思われる．しかし，顔の部分的な情報を用いた場合はどうであろうか．

　浮世絵に描かれた顔の輪郭線だけの情報から，顔を描いた絵師をどの程度特定できるか，人間とコンピュータの能力を調べた実験報告がある（山田，2000）．

　実験では，まず鈴木春信，喜多川歌麿，渓斎英泉の三人の浮世絵師の描く美人画の85枚の横顔から，下図のように顔の輪郭線のみを抽出している．次に研究歴25年の浮世絵の研究者にこれらの輪郭線を示し絵師を推定してもらったところ，正解率は72.9％であった（原文では72.1％になっているが72.9％の間違いか）．一方，コンピュータを用いた計量分析で，顔の輪郭線の曲がり具合を表現する特徴量を計算し識別させた場合には，正解率は78.8％であった．

　この実験では，人間とコンピュータの正解率の違いはわずか5.9ポイントで，顔の枚数にして5枚にすぎないが，顔の輪郭線という部分的な情報でのパターン認識ではコンピュータの方が正解率は高かった．輪郭線だけでなく，いくつか顔の部分的な情報をうまく組み合わせたならば，人間もコンピュータも描いた絵師を特定する精度はもっと上がると考えられる．さて，情報を多くした場合正解率が高いのはどちらであろうか．

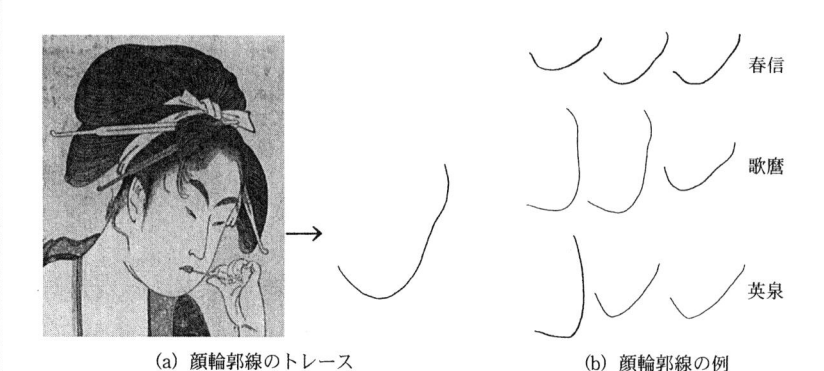

　　　　(a) 顔輪郭線のトレース　　　　　　　(b) 顔輪郭線の例

図 5.8 実験に用いた顔の輪郭線（山田奨治『文化資料と画像処理』（勉誠出版, 2000），「日本の美をめぐる」10号. (2000)）

6

古代を計る

6.1 考古学データの机上発掘

　過熱気味の邪馬台国論争をさらに過熱させることになった佐賀県の吉野ヶ里遺跡，縄文中期の大集落が姿を現した青森県の三内丸山遺跡，縄文早期の多数の住居跡を出土した北海道函館空港の中野 B 遺跡など，日本文化の発展や，日本人の生活様式の移り変わりを垣間みることができる貴重な文化財発掘に関するニュースが世の中を賑わし，多くの人々に古代への旅というロマンを与えてくれている．

　ところで，新聞で報道されているような発掘成果は，実際に日本全国で行われている発掘から得られた成果のほんの一部にすぎない．1995, 1996 年の日本での年間発掘数は 1 万件を超えたといわれており，今日でも発掘によって遺構や遺物に関する膨大な量の貴重なデータが生み出されている．

　1999 年の発掘件数 7139 件のうち，事前発掘調査が 6772 件，学術調査が 367 件であることからわかるように，発掘の多くは開発に伴う土木工事に関連して行われている．そのため，それらの遺跡は発掘が終了すれば破壊される運命にあり（堅田，2002），したがって，二度と手に入れることのできないデータも多い．再発掘ができない遺跡であるがゆえに，慎重の上にも慎重を重ね，まるで薄皮を剝ぐように土面を掘り進めて，できるかぎり正確に遺構や遺物の記録を残そうという努力が続けられている．もし，そのような努力によって土中より得られた遺構や遺物に関する貴重なデータの多くが，考古学研究の発展に寄与することなく，報告書のなかに再び埋もれてしまって陽の目をみないとすれば，多くの人々の発掘努力がむだになるばかりでなく，考古学の発展にとって

大きな損失となる．

いうまでもなく考古学の分野には遺跡や遺物に関する大量のデータが蓄積されており，もともと計量分析が盛んになる素地があった．しかし，考古学研究の中心は何といっても野外の発掘調査にあり，調査によって得られたデータを計量的手法という道具を用いて，さらに深く掘り下げ分析することの重要性は，従来あまり認められていなかったように思われる．

このような状況下で，1959 年にオーストラリアで，考古学における計量分析をメインテーマとした 9 日間にわたるシンポジウムが開催された．このシンポジウムでは，平均・分散などを用いて遺物や遺物組成の比較検討をした研究をはじめとして，考古学データの計量分析に関する，当時としては斬新な数多くの研究が報告され，翌年出版された論文集『考古学における計量分析の応用』は世界中の考古学者の関心を集めた．この影響を受け，外国では 1960 年代の中頃になると，たとえば，ムステリアン石器の分析に因子分析を用いるというように，考古学データの分析に多変量解析を用いた論文がみられるようになる．日本においても，1970 年代後半から回帰分析，クラスター分析，判別分析，因子分析，主成分分析などを用いた論文が現れるようになってくる．しかしながら外国の動向に比べるとまだまだ立ち遅れているといえよう．1980 年から 1989 年までの 10 年間に，考古学の代表的な論文誌の一つである『考古学雑誌』に掲載された論文 135 編のなかで，計量的手法を用いた論文は 26 編 (19%) にすぎず，しかも，それらはすべて度数分布，グラフ，有意性の検定というような手法を用いたものであり，多変量解析を用いた論文は皆無である．

パソコンおよび統計分析のプログラムの普及というように，ハードとソフトの両面で計量分析の環境が整ってきたにもかかわらず，計量的手法を用いた研究が少なかった原因の一つは，考古学の研究者に計量的手法が普及していないことにあったと考えられる．

現在の統計学は，大量の数量データの多面的な分析はもとより，たとえば，土器の紋様，色，材質といったような，これまで計量分析が困難であった質的データの多次元的解析をも可能にした．その結果，計量分析の対象となる考古学データの範囲は飛躍的に拡大し，考古学の研究のための道具としての能力も一段とパワーアップした．

データの計量分析に基づく考古学研究は，従来の型式学的考古学研究にとって代わるものでは決してない．しかし，計量的手法を上手に用いれば，報告書や古文献のなかに埋もれているデータ，新たな発掘で得られたデータのなかから，考古学的な新しい知見を得る可能性は十分にある．

考古学的な新発見は，なにも野外の発掘だけから得られるものではない．計量的手法という道具を用い，いわば机上で間接的な「発掘」を行うことによって得られる可能性は十分あると考えられる．

本節では，データの計量分析に基づく考古学研究の例として
① 古代寺院の金堂の建立年代に関する計量分析（遺跡に関する計量分析の例）
② 青銅器の原料の産地に関する計量分析（遺物に関する計量分析の例）
③ 古代の天皇の活躍時期に関する計量分析（文献資料の記述内容に関する計量分析の例）

の三つを紹介する．

6.2 古代寺院の金堂の建立年代に関する計量分析

6.2.1 建立年代の推定問題

中国を経て日本に仏教が伝えられたのは6世紀の中葉である．そして，6世紀末（588年）の法興寺（飛鳥寺）の建立に始まり，今日までの1400年以上の間に数多くの仏教寺院が建立されてきた．しかし，それらの寺院のなかには維持が困難になったため廃寺となり，建立年代はもとより寺院名さえもわからなくなったものも多い．また現在まで存続している寺院のなかにも，それらがいつ建立されたかを裏付ける史料が失われたため，建立年代が問題となっている寺院もある．

従来，寺院の建立年代の推定は，主に文字資料や発掘された瓦などの遺物，仏像，荘厳具（天蓋，仏器など）といった内蔵物や伽藍の配置型などに基づいて行われてきた．

しかし，本節では，寺院の主要な建築物の一つである金堂の平面形状の計量分析から年代を推定する研究を紹介する（Murakami, Mori & Iwamoto, 1997；村上，1999）．

分析対象の寺院は，6世紀から8世紀に建立された寺院である．西暦741年

に聖武天皇の発願により全国に国分寺，国分尼寺が建立されたが，データ分析からこれらの国分寺，国分尼寺や総国分寺とされた東大寺など，8世紀建立の寺院の金堂の平面形状に一定の規格があったのではないかという仮説を導く．そしてこの仮説に基づき，薬師寺を始めとする建立年代が問題となっているいくつかの寺院について，建立年代の推定を試みると同時に，この推論の妥当性を裏付けるいくつかの発掘報告を紹介する．

6.2.2 金堂の平面形状の主成分分析

寺院の建築様式や規格の分析から建立年代を推定するには，建築物そのものを調べるのが最良であるが，古代の寺院の場合には，建物自体が存在しない例もある．しかしそのような寺院の場合でも，発掘により建物の基壇や柱の穴の位置など，平面形状を知ることは可能である．そこで平面形状を分析することにした．

寺院の主要な建物としては，金堂，講堂，塔，門，回廊，僧房などがあげられる．しかし6～8世紀建立の古代寺院に関しては，金堂，講堂以外はその平面形状に関するデータの入手が困難であった．また講堂に関しては分析を行ってみたものの平面形状のバラツキが大きく，建築規格があったかどうかを知る手がかりは得られなかった．したがって金堂のみが対象である．

計量分析では，表6.1に示した47の寺院のうち，まず1～33の寺院の金堂の平面形状に関する次の6種類のデータを分析した．

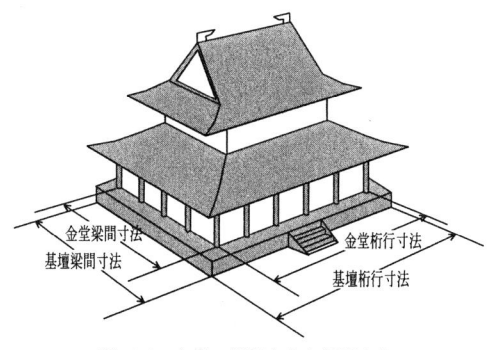

X_1 … 金堂の桁行(けたゆき)の柱間数
X_2 … 梁間(はりま)の柱間数

図 6.1 金堂の桁行方向と梁間方向

X_3 … 桁行方向の寸法
X_4 … 梁間方向の寸法
X_5 … 金堂基壇の桁行方向の寸法
X_6 … 金堂基壇の梁間方向の寸法

なお，金堂および基壇の桁行方向とは，大棟と平行な方向で梁間方向とは大棟に対し直角の方向をいう（図6.1）．

6.2.3 金堂の建立時期と平面形状

森 郁夫氏は，表6.1にあげた1〜33の寺院の金堂のデータを主成分分析（3.2.3項参照）にかけ，図6.2のような結果を得ている（森，1992；1993a；1993b）．この図で横軸は第1主成分，縦軸は第3主成分である．この分析結果について，森氏は次のように述べている．

「各主成分いろいろ組み合わせて寺院の分布の状況を見たところ，第1主成分と第3主成分の組み合わせが一つの傾向を見せているように感じられた．すなわち，大きく左上と右下のグループに分かれるのである（図6.2）．左上のグループは主として7世紀代の寺，右下はすべて8世紀の寺である．

‥‥‥‥‥‥‥‥‥‥‥‥‥‥‥‥‥‥‥‥‥‥‥‥‥‥‥‥‥‥‥‥‥‥‥‥‥

左上グループで注意しなければいけないのは，(26)備中国分尼寺がここに含まれるかに見えることである．国分寺，国分尼寺は8世紀に造営されたとはいうものの，国によっては前代の寺がそのまま転用されたり，一部改修されて国分寺や国分尼寺とされたものがある．そのような面に注意をはらわねばなるまい．

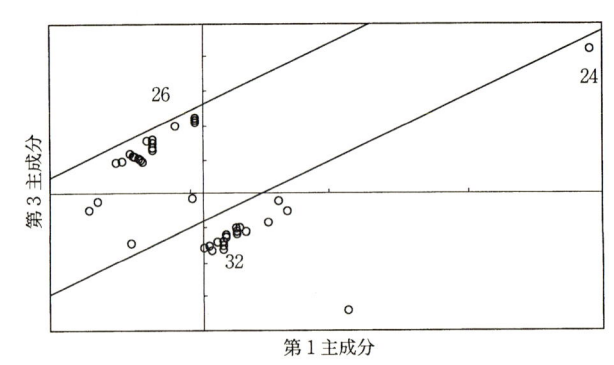

図 6.2 金堂の平面形状に関する主成分分析結果

6.2 古代寺院の金堂の建立年代に関する計量分析

表 6.1 金堂のデータ

	寺院名	建立年	金堂規模			金堂寸法			基壇寸法		
			桁	梁	比(桁/梁)	桁	梁	比(桁/梁)	桁	梁	比(桁/梁)
1	飛鳥寺(東・西)	588	5.00	4.00	1.25	15.60	11.00	1.42	18.80	14.20	1.32
2	穴太廃寺		3.00	2.00	1.50	14.20	10.80	1.31	22.40	19.10	1.17
3	石井廃寺		5.00	4.00	1.25	9.30	7.50	1.24	13.90	12.00	1.16
4	出雲国分寺	741	7.00	4.00	1.75	27.30	14.90	1.83	35.10	21.40	1.64
5	伊丹廃寺		5.00	4.00	1.25	13.90	10.00	1.39	20.70	16.00	1.29
6	上野廃寺		5.00	4.00	1.25	12.30	10.30	1.19	19.00	16.10	1.18
7	上総国分尼寺	?	7.00	4.00	1.75	23.10	13.00	1.78	33.20	18.60	1.78
8	川原寺(中)		5.00	4.00	1.25	16.60	11.80	1.41	23.70	18.90	1.25
9	百済廃寺		7.00	4.00	1.75	20.70	11.80	1.75	28.10	18.40	1.53
10	興福寺(中)	710	7.00	4.00	1.75	30.80	17.20	1.79	41.00	27.30	1.50
11	興福寺(東)	710	7.00	4.00	1.75	23.70	13.00	1.82	30.80	20.50	1.50
12	高麗寺跡		5.00	4.00	1.25	11.70	9.00	1.30	16.00	13.40	1.19
13	相模国分寺	741	7.00	4.00	1.75	34.30	16.60	2.07	40.80	23.10	1.77
14	四天王寺		5.00	4.00	1.25	14.10	11.30	1.25	18.40	15.60	1.18
15	信濃国分寺	?	7.00	4.00	1.75	24.20	14.40	1.68	28.90	19.20	1.51
16	信濃国分尼寺	?	7.00	4.00	1.75	22.40	12.40	1.81	29.70	19.50	1.52
17	下野国分寺	741	7.00	4.00	1.75	20.40	11.80	1.73	26.60	17.50	1.52
18	崇福寺(弥)	661	5.00	3.00	1.67	16.00	8.90	1.80	21.80	15.80	1.38
19	大官大寺跡	677	9.00	4.00	2.25	45.20	20.70	2.18	53.00	28.40	1.87
20	当麻寺	681	5.00	4.00	1.25	12.10	9.50	1.27	16.30	13.40	1.22
21	高井田廃寺		5.00	4.00	1.25	12.10	9.20	1.32	17.80	14.50	1.23
22	中宮寺跡	607	5.00	4.00	1.25	13.00	10.40	1.25	17.30	14.10	1.23
23	唐招提寺	759	7.00	4.00	1.75	27.80	14.20	1.96	35.10	21.40	1.64
24	東大寺	745	9.00	5.00	1.80	72.20	36.70	1.97	95.90	60.40	1.59
25	遠江国分寺	741	7.00	4.00	1.75	27.20	14.20	1.92	33.20	21.00	1.58
26	備中国分尼寺		5.00	4.00	1.25	20.80	13.10	1.59	27.90	20.10	1.39
27	法隆寺	607	5.00	4.00	1.25	13.80	10.70	1.29	18.90	15.80	1.20
28	三河国分尼寺	741	7.00	4.00	1.75	25.80	13.60	1.90	34.00	22.50	1.51
29	美濃弥勒寺		5.00	4.00	1.25	10.80	8.30	1.30	14.80	12.30	1.20
30	武蔵国分寺	?	7.00	4.00	1.75	36.10	16.60	2.17	45.90	26.30	1.75
31	陸奥国分寺	741	7.00	4.00	1.75	24.60	13.00	1.89	31.00	19.40	1.60
32	薬師寺	680	7.00	4.00	1.75	22.90	11.80	1.94	29.20	18.00	1.62
33	山田寺跡	641	3.00	2.00	1.50	13.30	10.60	1.25	19.20	16.60	1.16
34	伊賀国分寺		7.00	4.00	1.75	24.40	13.10	1.86	27.30	19.00	1.44
35	上野国分寺		7.00	4.00	1.75	23.80	13.40	1.78	29.80	16.40	1.82
36	坂田寺跡		7.00	4.00	1.75	24.70	13.10	1.89	29.50	17.90	1.65
37	薩摩国分寺		5.00	4.00	1.25	13.80	11.00	1.25	19.10	15.80	1.21
38	駿河国分寺	?	7.00	4.00	1.75	30.90	17.00	1.82	37.00	23.00	1.61
39	丹波国分寺		5.00	4.00	1.25	15.70	11.60	1.35	19.60	15.40	1.27
40	竹林寺跡		5.00	4.00	1.25	11.00	8.90	1.24	15.80	13.70	1.15
41	長林寺		5.00	4.00	1.25	11.80	9.60	1.23	16.80	13.60	1.24
42	夏見廃寺		3.00	2.00	1.50	8.80	7.00	1.26	14.40	11.80	1.22
43	能登国分寺		5.00	4.00	1.25	15.00	11.00	1.36	22.40	15.60	1.44
44	肥前国分寺		9.00	4.00	2.25	32.40	13.80	2.35	39.40	20.80	1.89
45	平川廃寺		5.00	4.00	1.25	15.50	10.30	1.50	22.40	17.20	1.30
46	山背国分寺		9.00	4.00	2.25	44.70	19.80	2.26	53.10	28.20	1.88
47	若狭国分寺	?	5.00	4.00	1.25	21.60	15.00	1.44	28.80	21.90	1.32

同様のことは (32)薬師寺が右下のグループに含まれていることである．平城京の薬師寺は8世紀の造営であるが，中心伽藍の堂塔の配置とその規模は前代の薬師寺，いわゆる木殿(きどの)の薬師寺とまったく同じであるとされている．そのことからすれば，薬師寺の金堂の分析では7世紀代の他の寺の中からはみ出すことになる．薬師寺に関しては移建説・非移建説の両説があり，今回の分析結果がこのことに関わるものであるとすれば興味深いことである．」

森氏は慎重に言葉を選んでいるが，この計量分析の結果は，6〜7世紀建立の寺院の金堂と8世紀建立の寺院の金堂とではその平面形状が異なることを示しており，したがって，741年に天皇の発願により諸国に設置された国分寺，国分尼寺の一つである備中国分尼寺は，6世紀あるいは7世紀に建立された寺院を転用しつつ，その名称だけを変えた可能性が高いこと，また，平城京の薬師寺は8世紀建立の可能性が高いことがわかる．

この研究が発表されてから3年後の1996年6月2日付の朝日新聞は，「奈良国立文化財研究所が発掘情報に基づき，(平城京)薬師寺の建物は8世紀に新築された可能性が高いと，発表した」ことを伝えた．森氏の提起した問題の解答が，発掘調査で3年後に得られたこととなった．

さてここで森氏の分析をみてみる．

表6.2は森氏が行った相関行列を用いた主成分分析の結果の一部で，第1〜第3主成分までの固有ベクトル，寄与率・累積寄与率である．

第1主成分の固有ベクトルをみると，固有ベクトルの各要素の値はすべて正であるので，金堂規模，金堂寸法，基壇寸法のいずれの値が大きくなっても，

表 **6.2** 33の寺院の相関行列を用いた主成分分析結果

変数	第1主成分	第2主成分	第3主成分
X_1	0.378	0.391	−0.782
X_2	0.253	0.823	0.499
X_3	0.451	−0.144	−0.111
X_4	0.445	−0.200	0.215
X_5	0.450	−0.187	0.002
X_6	0.434	−0.271	0.284
固有値	4.754	0.921	0.288
寄与率	0.792	0.154	0.048
累積寄与率	0.792	0.946	0.994

第1主成分の値は大きくなる．したがって，第1主成分は金堂の大きさを表していると考えられる．

次に第3主成分は，金堂規模，金堂寸法，基壇寸法の桁数方向の測定値 (X_1, X_3, X_5) の値は負か0に近い値で，梁間方向の測定値 (X_2, X_4, X_6) の値はすべて正である．したがって，金堂の平面形状が横長の長方形になるほど値は小さくなるので，第3主成分は，正方形からの横長の長方形への変形の程度を表していると考えられる．

したがって，横軸に第1主成分を，縦軸に第3主成分をとった図6.2において，6～7世紀建立の寺院が左上に，また，8世紀建立の寺院が右下に位置しているということは，8世紀の寺院の金堂は6～7世紀の寺院の金堂より一般に大きく，またその平面形は6～7世紀の金堂に比べ横長である，ということになる．

さらに主成分分析の結果，いくつかの寺院がほぼ直線状に並ぶということは，これらの寺院が同じような規格でつくられていることをうかがわせる．このことは，金堂の桁行，梁間の柱間数からもわかり，図の左上の直線近辺の寺院はいずれも桁行5間，梁間4間であり，右下の直線近辺の寺院は桁行7間，梁間4間と桁行9間，梁間5間である．古い建築物の大きさを表すのに，桁行 X_1 間，梁間 X_2 間というような表現が用いられる．X_1, X_2 は柱間数（柱と柱の間の数）であるので，この場合，柱の数は桁行方向では X_1+1 本，梁間方向では X_2+1 本となる．もし X_1 が偶数ならば建築物の前面中央に柱がきてしまうので，どの寺院の場合も X_1 は奇数である．梁間の柱間数 X_2 に関しては，桁行の場合のような奇数でなければならないという制約はないが，こちらは偶数が多い．

ところで，森氏の主成分分析の結果（図6.2）は重要な情報を含んでいたにもかかわらず，主成分という合成変数による分析であったため，その意味するところが理解されにくいという問題があった．

そこで，金堂の平面形状について，もう少し簡単な分析法で調べてみる．

6.2.4 区間推定法による建立年代の推定

図6.2の主成分分析の結果では，図の右下の直線の近辺に位置する寺院は（疑問の出ている(32)薬師寺は除き）すべて8世紀に建立されたものである．これらの寺院は，総国分寺として他の国分寺より壮大に造営された東大寺の桁

行9間,梁間5間を除き,いずれも桁行7間,梁間4間である.したがって,8世紀建立の中規模の金堂(桁行寸法20〜40m程度)は桁行7間,梁間4間というのが一つの規格であったと考えられるが,平面形状はどうであろうか.

仮に柱の数に規格があったとしても,柱の数で平面形状が定まるわけではない.というのは,たとえば表6.1の中の桁行7間,梁間4間の寺院であっても柱間寸法はバラバラであり,最小柱間寸法は桁行方向2.91m,梁間方向2.95m,最大柱間寸法は桁行方向5.16m,梁間方向4.30mである.多くの寺院では,桁行方向の柱間寸法が梁間方向の柱間寸法より大きいが,(15)信濃国分寺のように,梁間方向の柱間寸法の方が大きい寺院もある.

したがって,一般的には金堂の桁行方向,梁間方向の柱の数が定まっていても平面形状は必ずしも同一にはならない.

金堂の平面形状は長方形であるが,金堂の大きさは寺院の規模によって変わるため,もし平面形状にある程度の規格があったとすると,長方形の形を決める横方向と縦方向の長さの比,つまり桁行方向と梁間方向の寸法の比ではないかと考えられる(大きさが異なっても,この比の値が同じなら長方形は相似形になる).

森氏は図6.2の右下の直線の近辺に位置する16の寺院のうち,(32)薬師寺については疑問が残るが,その他の15寺院は8世紀の建立としているので,この15寺院の金堂および金堂基壇の桁行方向と梁間方向の寸法の比(桁行方向寸法/梁間方向寸法)を求めてみたのが表6.3である.

ここで8世紀建立の金堂に関し,金堂寸法比および基壇寸法比が,平均値がμ,標準偏差がσの正規分布と呼ばれる確率分布に従うと仮定する.そうすると,正規分布に従うデータの場合には,理論的にはデータの95%は

$$\mu-1.96\sigma, \quad \mu+1.96\sigma$$

の間の値となる.μとσの値は実際には不明なので,これらの値の代わりに表6.3のデータの平均値$\bar{x}$と標準偏差Sを用いると(3.2.1節参照),8世紀建立の寺院に関し金堂寸法比および基壇寸法比の95%が入る区間は,それぞれおよそ

$$1.615 \leq 金堂寸法比 \leq 2.125 \qquad (6.1)$$
$$1.404 \leq 基壇寸法比 \leq 1.796 \qquad (6.2)$$

6.2 古代寺院の金堂の建立年代に関する計量分析

表 **6.3** 8世紀建立の15寺院の金堂の桁行方向と梁間方向の寸法の比

	寺院名	金堂寸法比	基壇寸法比
4	出雲国分寺	1.83 (○)	1.64 (○)
7	上総国分尼寺	1.78 (○)	1.78 (○)
9	百済廃寺	1.75 (○)	1.53 (○)
10	興福寺（中）	1.79 (○)	1.50 (○)
11	興福寺（東）	1.82 (○)	1.50 (○)
13	相模国分寺	2.07 (○)	1.77 (○)
15	信濃国分寺	1.68 (○)	1.51 (○)
16	信濃国分尼寺	1.81 (○)	1.52 (○)
17	下野国分尼寺	1.73 (○)	1.52 (○)
23	唐招提寺	1.96 (○)	1.64 (○)
24	東大寺	1.97 (○)	1.59 (○)
25	遠江国分寺	1.92 (○)	1.58 (○)
28	三河国分尼寺	1.90 (○)	1.51 (○)
30	武蔵国分寺	2.17 (×)	1.75 (○)
31	陸奥国分寺	1.89 (○)	1.60 (○)
	平均値 $\bar{x}$	1.87	1.60
	標準偏差 S	0.13	0.10

○, ×印は, 式(6.1), (6.2)で与えられる8世紀建立の寺院の寸法比の95%が入る区間に当該金堂が入っているかいないかを示す.

となる.

そこで, 表6.3の15の寺院の金堂寸法比, 基壇寸法比がこれらの区間に入るかどうかを調べてみた. 表6.3の15の寺院では(30)武蔵国分寺の金堂寸法比のみが2.17で, 式(6.1)で示した区間に入っていないが, それ以外の寺院の金堂寸法比, 基壇寸法比は式(6.1), (6.2)で示した区間にすべて入っている. したがって, 金堂寸法比と基壇寸法比がそれぞれ式(6.1), (6.2)で与えられる区間に入る寺院は8世紀建立, 入らない寺院は6〜7世紀建立と考えてよさそうである. また, 表6.1の1〜33までの寺院のなかで, 建立年代が明らかな6〜7世紀建立の寺院について調べてみた結果が表6.4である. (18)崇福寺(弥)の金堂寸法比1.80を除き, 他の寸法比はいずれも, 式(6.1), (6.2)で与えられる区間には入っていないことがわかる.

したがって, 表6.3, 6.4より8世紀建立の金堂の平面形状は6〜7世紀建立の金堂の平面形状と異なるといえそうである.

表 6.4 6〜7世紀建立の7寺院の金堂の桁行方向と梁間方向の寸法の比

	寺院名	金堂寸法比	基壇寸法比
1	飛鳥寺（東西）	1.42（×）	1.32（×）
18	崇福寺（弥）	1.80（○）	1.38（×）
19	大官大寺跡	2.18（×）	1.87（×）
20	当麻寺	1.27（×）	1.22（×）
22	中宮寺跡	1.25（×）	1.23（×）
27	法隆寺	1.29（×）	1.20（×）
33	山田寺跡	1.25（×）	1.16（×）

表 6.5 建立時期が不明,あるいは疑問が持たれる11寺院の金堂の桁行方向と梁間方向の寸法の比

	寺院名	金堂寸法比	基壇寸法比
2	穴太廃寺	1.31（×）	1.17（×）
3	石井廃寺	1.24（×）	1.16（×）
5	伊丹廃寺	1.39（×）	1.29（×）
6	上野廃寺	1.19（×）	1.18（×）
8	川原寺（中）	1.41（×）	1.25（×）
12	高麗寺跡	1.30（×）	1.19（×）
14	四天王寺	1.25（×）	1.18（×）
21	高井田廃寺	1.32（×）	1.23（×）
26	備中国分尼寺	1.59（×）	1.39（×）
29	美濃弥勒寺	1.30（×）	1.20（×）
32	薬師寺	1.94（○）	1.62（○）

そこで表6.1の33寺院のうちで,建立時期が不明であったり疑問が持たれている11の寺院の金堂について,金堂寸法比,基壇寸法比が前述の式(6.1),(6.2)で与えられる区間に入るかどうか調べた結果を示したのが表6.5である.

この表からわかるように,7世紀建立の藤原京の薬師寺を移建したのか,あるいは8世紀に新築したのかが問題となっている平城京の(32)薬師寺の金堂については,8世紀建立と考えた方がよく,(26)備中国分尼寺の金堂は6〜7世紀建立と考えた方がよいことがわかる.

森氏はこれまでの分析に用いた表6.1の1〜33の寺院に加え,さらに建立時期が不明であったり疑問が持たれている14の寺院（表6.1, 34〜47の X_1〜X_6）のデータも示している（森, 1993b）.

6.2 古代寺院の金堂の建立年代に関する計量分析

この 14 の寺院について，金堂の桁行方向寸法と梁間方向寸法の比を求め，これらが式 (6.1), (6.2) で与えられる区間に入るかどうか調べたのが表 6.6 である．

この表をみると，金堂寸法比，基壇寸法比のいずれもが式 (6.1), (6.2) で与えられる区間に入らなかった寺院は

(37) 薩摩国分寺,　　(39) 丹波国分寺,　　(40) 竹林寺跡,
(41) 長林寺,　　(42) 夏見廃寺,　　(44) 肥前国分寺,
(45) 平川廃寺,　　(46) 山背国分寺,　　(47) 若狭国分寺

の 9 寺院である．したがって，これらの寺院は 6～7 世紀建立と推定される．また

(34) 伊賀国分寺,　　(36) 坂田寺,　　(38) 駿河国分寺

の 3 寺院は，金堂寸法比，基壇寸法比のいずれも区間内に入っているので，これらの寺院は 8 世紀建立と推定される．

残る二つの寺院，(35) 上野国分寺と (43) 能登国分寺は金堂寸法比か基壇寸法比の一方のみが，8 世紀の寺院の区間に入るため寸法比の情報だけでは建立年代の推定はむずかしいといえる．

ここまでの分析からは，741 年に聖武天皇の発願で全国に建立されたとされ

表 6.6　追加した 14 寺院の金堂の桁行方向寸法と梁間方向の寸法の比

	寺院名	金堂寸法比	基壇寸法比
34	伊賀国分寺	1.86 (○)	1.44 (○)
35	上野国分寺	1.78 (○)	1.82 (×)
36	坂田寺跡	1.89 (○)	1.65 (○)
37	薩摩国分寺	1.25 (×)	1.21 (×)
38	駿河国分寺	1.82 (○)	1.61 (○)
39	丹波国分寺	1.35 (×)	1.27 (×)
40	竹林寺跡	1.24 (×)	1.15 (×)
41	長林寺	1.23 (×)	1.24 (×)
42	夏見廃寺	1.26 (×)	1.22 (×)
43	能登国分寺	1.36 (×)	1.44 (○)
44	肥前国分寺	2.35 (×)	1.89 (×)
45	平川廃寺	1.50 (×)	1.30 (×)
46	山背国分寺	2.26 (×)	1.88 (×)
47	若狭国分寺	1.44 (×)	1.32 (×)

る国分寺，国分尼寺のうち，

(26)備中国分尼寺，　　(37)薩摩国分寺，　　(39)丹波国分寺，
(44)肥前国分寺，　　　(46)山背国分寺，　　(47)若狭国分寺

の六つの国分寺および国分尼寺は6～7世紀建立と推定される．したがって，これらの寺院は6～7世紀建立の在来寺院の建物を転用し，寺院名のみを変更した可能性が高い．

ところで，式(6.1), (6.2)が示すように，8世紀建立の金堂に関して，桁行方向寸法と梁間方向寸法の比がある範囲内におさまるということは，金堂や金堂基壇の平面形を示す長方形の形がある程度定まっていたことを意味している．

8世紀において寺院を建立する際に平面図が存在したかどうかは定かではない．ただ，平安時代の終わり頃，造営の奉行を勤めた源師時の日記『長秋記』(1134)に「指図」という言葉が出てくることが『工匠たちの知恵と工夫―建築技術史の散歩みち』(西，1980)に記載されている．したがって，平安末期には平面図が存在したと考えられる．正倉院に東大寺講堂院図などと呼ばれる古図が存在することが『奈良六大寺大観 東大寺1』(奈良六大寺大観刊行会，1970)に記されており，これを指図に含めると平面図の存在は『長秋記』に示された1134年よりもさかのぼることになる．

もし，8世紀の国分寺などの寺院建立の際にも平面図が用いられていたとすると，表6.3に示したように，金堂基壇の桁行方向と梁間方向の寸法比の平均値が1.60になっていることは，形態上の美を計るという観点からも興味深い

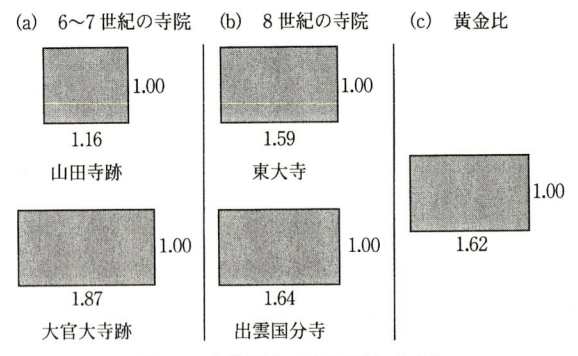

(a) 6～7世紀の寺院	(b) 8世紀の寺院	(c) 黄金比
1.16 / 1.00 山田寺跡	1.59 / 1.00 東大寺	1.62 / 1.00
1.87 / 1.00 大官大寺跡	1.64 / 1.00 出雲国分寺	

図 **6.3** 金堂基壇の平面形状と黄金比

ことである．なぜなら，美術などの分野では，長方形の縦と横の比率が1：1.62のときの長方形が一番美しいといわれており，「モナリザ」を描いたレオナルド・ダ・ビンチはこの比の値を黄金比（golden ratio）と名づけている．

6～7世紀の寺院の金堂基壇では，桁行方向と梁間方向の寸法比の値が山田寺跡の1.16のように1に近い値か，あるいは大官大寺跡の1.87のように，2に近い値となっている．したがって，古代寺院の造営において平面図が存在し，平面図を描きながら設計を重ねるうちに，図6.3のように金堂基壇の形が黄金比を持つ一番美しい長方形に近づいていったと考えることはできないであろうか．

6.2.5 計量分析における問題点

この分析に関し，今後検討しなければならないことがいくつかある．たとえば，8世紀建立の金堂と金堂基壇の桁行方向寸法と梁間方向寸法の比の値の95％が入る区間として式(6.1), (6.2)を求めたとき，これらの比の値が正規分布に従うと仮定したが，この仮定がどの程度妥当なのかを，分析の対象とする寺院数を増やして調べる必要がある．また，表6.3の15の寺院のデータから求めたこれらの比の値の平均値 $\bar{x}$ および標準偏差 S を真の平均値 μ および標準偏差 σ として用いているが，これらの値に関してもデータが少ないために問題が残る．

さらに，分析に用いた X_3～X_6 の値であるが，おそらく寺院ごとに測定者が異なっていると考えられる．したがって，データの測定精度は寺院ごとに異なるという問題がある．

このように，仮定した比の値の分布（正規分布）の妥当性や，データの精度に関し問題は残るが，金堂および金堂基壇の平面形状の計量分析によって，古代寺院の建立年代を推定する道が拓けたように思われる．

6.2.6 発掘データによる裏付け

計量分析に基づく寺院の建立年代の推定法の有効性を確認する方法は，少なくとも二つある．

一つは表6.6の寺院に関する推定結果が，考古学や歴史学の研究で裏付けられるということであり，いま一つは新たな寺院の発掘でこの推定法の有効性が裏付けられることである．後者に関しては，すでにいくつかの発掘結果がここでの推定法の有効性を証明している．

「奈良県香芝市の尼寺(にんじ)廃寺跡の発掘で,金堂の規模が南北約16メートル,東西約14メートルの建物であることが判明(著者注:基壇寸法比は 16/14=1.14).この遺跡の伽藍配置は法隆寺式で,北側の塔跡から飛鳥時代(7世紀前半)の塔心礎や耳環,水晶玉などが出土した.」

(1997年2月19日,奈良日日新聞)

「『日本書紀』に639年舒明天皇の勅願で造営が始められたという記載があるが,所在がわからなかった百済大寺の金堂の基壇とみられる遺構が,奈良県桜井市の吉備池廃寺から出土した.出土した瓦の文様などから瓦が作られたのは640年頃で百済大寺の建立時期と合致していることなどから百済大寺の可能性が極めて高い.金堂の基壇跡は東西約36メートル,南北約27メートル(著者注:基壇寸法比は 36/27=1.33)である.」

(1997年2月28日,日本経済新聞)

尼寺廃寺跡および百済大寺の金堂の基壇寸法は,それぞれ 16/14=1.14,36/27=1.33 であり,これらの比の値はいずれも式(6.2)で示された8世紀建立の寺院の基壇寸法比が入る区間に入っていない.したがって,形状の分析からは6~7世紀と判断されるが,これは伽藍配置や遺物から推定される年代(7世紀前半,646年ぐらい)と矛盾しない.

6.3 青銅器の原料の産地

6.3.1 青銅器中の鉛の同位体比

遺跡から出土する遺物の産地やその伝播ルートに関する情報は,文化の発祥,発展,伝播を解明するうえで,また,古代の政治的な勢力関係を解明するうえで重要なものとなる.ここでは遺跡から出土する石器,土器,青銅器,鉄器などの遺物のなかでも青銅器に注目する.

日本の各地の遺跡からは,銅鏡,銅鐸,銅矛,銅剣などの多くの青銅器がみつかっている.青銅器は中国から朝鮮半島を経て紀元前3世紀ごろ日本に伝わり,紀元前1世紀ごろには日本でも青銅器の鋳造が行われていたと考えられている(斎藤,馬淵,1993).

青銅は銅,鉛,スズの合金である.銅に鉛やスズを混ぜると,合金の融点が下がり流動性がよくなるので複雑なかたちのものの鋳造が可能となるうえ,強度が増す.ところで青銅製品に含まれる鉛(Pb)には,質量数 204, 206, 207,

208の4種類の同位体（同じ元素に属する原子で質量の異なるもの）があるが，その混合比率（同位対比）は産地（正確には鉛床の生成時期）によって異なる．したがって，青銅器中の鉛の同位体比と照合することで，鉛の産地，場合によっては青銅製品の産地が同定できる可能性がある．そのため，1976年に山崎一雄氏ら（山崎他，1976）が古銭や青銅鏡の分析を試みて以来，古代の青銅器の研究に鉛の同位体比の分析が広く適用されてきている．

この節では，島根県荒神谷遺跡出土の銅剣と，京都府の椿井大塚山古墳出土の三角縁神獣鏡に含まれている鉛の同位体比の分析から，これらの青銅器の原料の産地が推定可能かどうかを調べる．

6.3.2 荒神谷遺跡出土の銅剣の原料の産地を探る

1984年島根県の荒神谷遺跡から，弥生時代（3世紀前半から中頃，（安本，1998b））のものと考えられる銅剣358本が出土した．古代の出雲でどのような政治勢力がこれらの銅剣を保有していたのかという問題に関連し，銅剣の原料の産地や製作地などについても多くの研究が発表された．

たとえば，鉛の同位対比の分析から馬淵久夫氏らは「銅剣の大部分は中国の華北地方の鉛を含むが，朝鮮半島の鉛を含むものが1本あり，また華北の鉛に朝鮮半島の鉛が若干混ざったと考えられるものが少しある」と判断している（馬淵他，1997）．

鉛の同位体比としては Pb 207/Pb 206，Pb 208/Pb 206，Pb 206/Pb 204，Pb 207/Pb 204，Pb 208/Pb 204 の5種類が考えられるが，このなかの3種類の同位体比がわかると残りは計算で求められるので，独立な同位体比は3種類である．つまり計量分析では5種類の同位体比のなかの3種類を用いれば十分である．

馬淵氏らは，このうちの Pb 207/Pb 206 と Pb 208/Pb 206 の2種類の同位体比を用いて2次元のグラフを作り産地を検討している．馬淵氏らの方法は青銅器の鉛原産地の推定によく利用されているが，ここでは馬淵氏らの方法とは異なり Pb 207/Pb 206，Pb 208/Pb 206 および Pb 206/Pb 204 の3種類の同位体比を主成分分析で分析してみる．分析には馬淵氏，山崎氏らの論文に記載されているデータを用いた（馬淵他，1987；山崎他 1976）．

図 6.4 は東日本の鉱山の鉛 41 試料と荒神谷出土の銅剣 358 本の鉛を主成分分析で分析した結果である．また図 6.5 は西日本の鉱山の鉛 31 試料と荒神谷

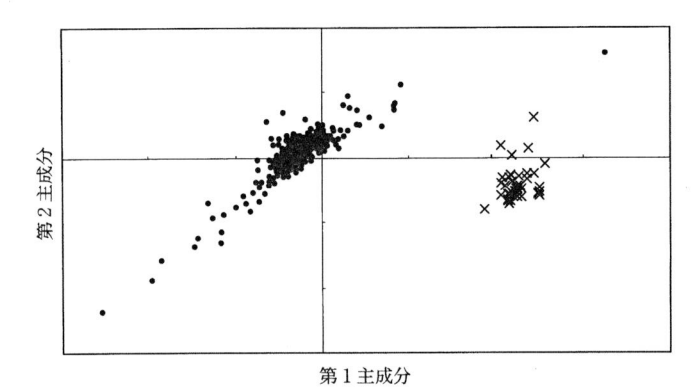

図 6.4 東日本の鉛と荒神谷の銅剣の鉛 (●:荒神谷, ×:東日本)

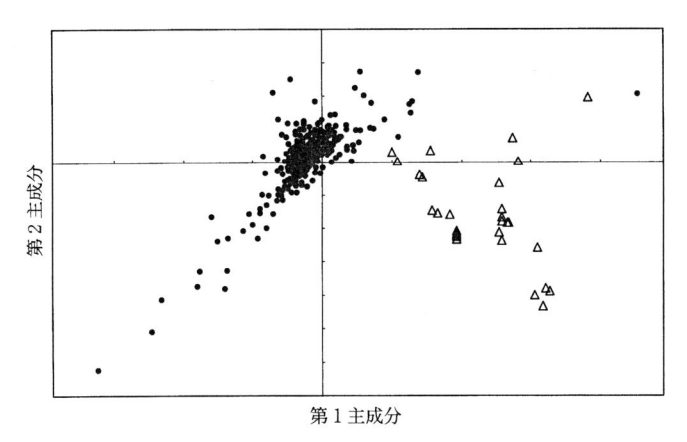

図 6.5 西日本の鉛と荒神谷の銅剣の鉛 (●:荒神谷, △:西日本)

出土の銅剣 358 本の鉛をやはり主成分分析で分析した結果である．荒神谷の銅剣の鉛は，東日本の鉱山の鉛とは明らかに異なっており，また西日本の鉱山の鉛とも1本を除き異なっていることがわかる．

したがって，異なる産地の鉛が混ざり合うことがなかったとすると，荒神谷出土の銅剣の原料は1本を除き日本ではないといえる．

次に，朝鮮半島および中国の鉱山の鉛と一緒に主成分分析で分析してみた結果が図6.6, 6.7である．朝鮮半島および中国の鉛は広く分布しており，これらの図をみると荒神谷出土の銅剣の鉛は，朝鮮半島の鉱山の鉛の範囲にも入る

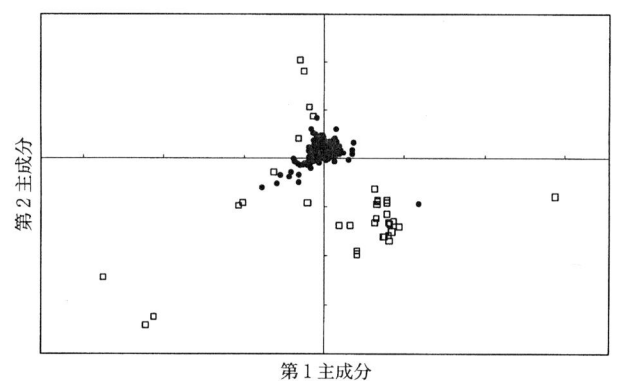

図 6.6 中国の鉛と荒神谷の銅剣の鉛（●：荒神谷，□：中国）

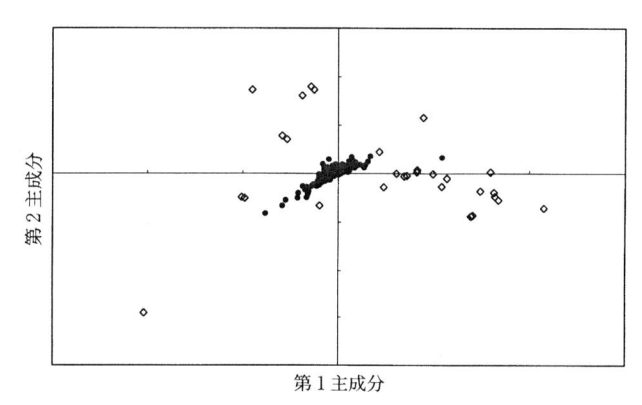

図 6.7 朝鮮半島の鉛と荒神谷の銅剣の鉛（●：荒神谷，◇：朝鮮半島）

し，また中国の鉱山の鉛の範囲にも入る．したがって，主成分分析だけではこの銅剣の原料の産地が朝鮮半島なのか中国なのかの判断はできない．なお，いずれの主成分分析においても第 2 主成分までの累積寄与率は 95～99% である．

6.3.3 三角縁神獣鏡の原料の産地を探る

次に遺跡から出土する鏡についてその原料の産地を調べてみる．遺跡から出土する鏡のなかに三角縁神獣鏡と呼ばれる銅鏡がある．鏡の縁の断面が三角形で，鏡背に神像と獣形を組み合わせた文様を有する鏡である．この三角縁神獣鏡のなかに，中国の三国時代（西暦 220-280 年）の魏の国の年号の景初 3 年を記したものがある．景初 3 年というのは西暦 239 年にあたり，『魏志』「東夷

伝・倭人条」に邪馬台国の女王,卑弥呼が魏の明帝から銅鏡100枚を贈られたと記されている年である．このため，魏の明帝から贈られた銅鏡が三角縁神獣鏡であるという説が出されている．しかし一方では，中国で出土した鏡のなかに三角縁の鏡は一面もないことから，三角縁神獣鏡は日本で作られたという説も出されている．鏡の原料の鉛の産地と鏡の製造地が一致するという保証はないが，邪馬台国の所在地がどこであったかという問題と密接に関係しており，日本の古代の姿を知るための鍵となる鏡である．そこで，三角縁神獣鏡の鉛を分析してみる．

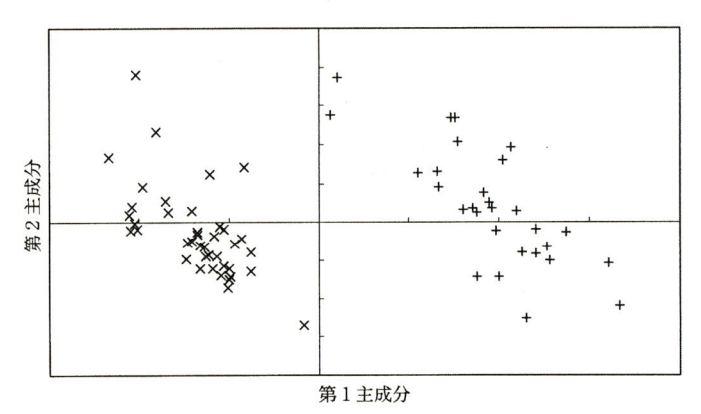

図 6.8　東日本の鉛と大塚山の鏡の鉛（＋：大塚山，×：東日本）

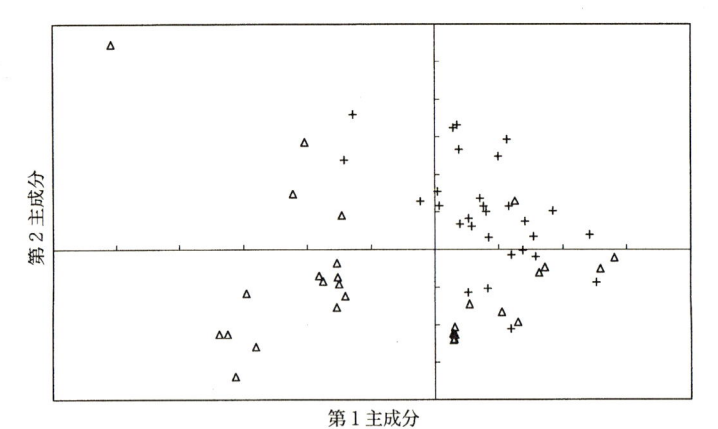

図 6.9　西日本の鉛と大塚山の鏡の鉛（＋：大塚山，△：西日本）

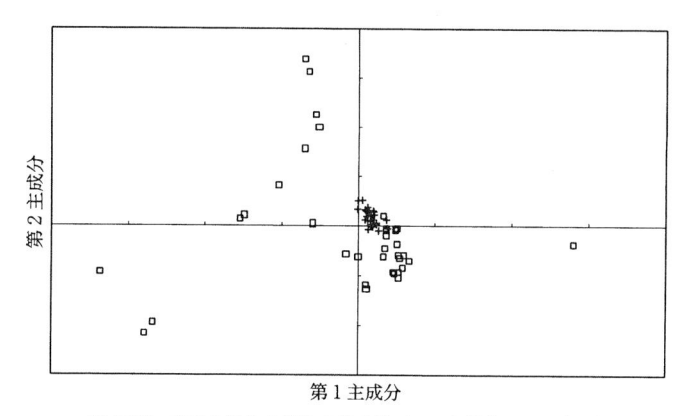

図 6.10 中国の鉛と大塚山の鏡の鉛（＋：大塚山，□：中国）

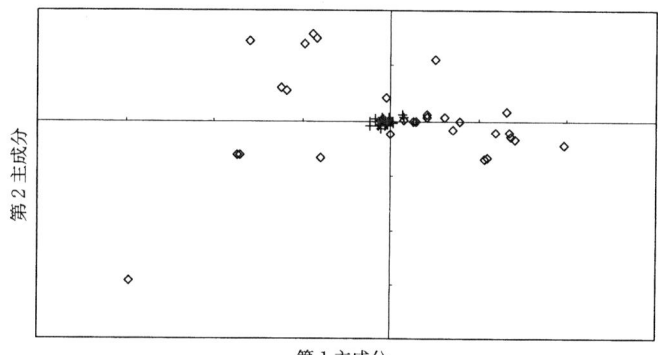

図 6.11 朝鮮半島の鉛と大塚山の鏡の鉛（＋：大塚山，◇：朝鮮半島）

　分析対象の三角縁神獣鏡は京都府相楽郡山城町椿井大塚山古墳出土の 29 面の鏡である．銅剣の場合と同様に，東日本の鉱山の鉛と西日本の鉱山の鉛と一緒に主成分分析で分析した結果が図 6.8，6.9 である．これらの図をみると銅剣とは異なり，三角縁神獣鏡のなかには西日本の鉱山の鉛の範囲に入るものがある．したがって，主成分分析の結果からは椿井大塚山古墳出土の鏡の原料は荒神谷出土の銅剣と異なり，日本の鉱山のものである可能性を否定できない．
　ただ，これら 29 面の鏡は中国や朝鮮半島の鉱山の鉛の範囲にも入る（図 6.10, 6.11）．そのため鉛同位体比の主成分分析で三角縁神獣鏡の原料の産地を特定するのはむずかしいように思える．

6.3.4 主成分分析による鉛の同位体比分析の限界

図 6.12 は荒神谷の銅剣と椿井大塚山の三角縁神獣鏡を主成分分析にかけた結果である．この図からわかるように，荒神谷の銅剣は一本を除き大塚山の鏡とは同位体比が明らかに異なっている．この銅剣に使われた鉛は一本を除き日本のものではないことは 6.3.2 項に示した．荒神谷の銅剣の製造年代は 3 世紀前半～中頃といわれている．

一方，椿井大塚山の三角縁神獣鏡が卑弥呼が魏の皇帝から贈られたものとすると，3 世紀前半に中国で製造されたことになり，当然ながら日本の鉛は使用されていないことになるが，6.3.3 項の分析結果からは，鏡の鉛が日本の鉛であるということを否定する確証は得られてはいない．したがってこれまでの銅剣と鏡の鉛の分析から考えられる原料の産地の可能性は次の二つである．

・銅剣と鏡の鉛の産地はいずれも日本以外でしかも鉱山が異なる．
・銅剣の鉛の産地は日本以外であるが，鏡の鉛の産地は日本である．

もし，青銅器の原料の鉛の産地が明らかになれば，原料あるいは青銅器の伝播ルートや政治的な勢力関係の解明に役立つ情報が得られるとは思うが，これまでの主成分分析では，荒神谷出土の銅剣や椿井大塚山古墳出土の三角縁神獣鏡の原料の産地を特定することは残念ながらできていない．

計量分析を行う際にはデータの生成と分析が首尾一貫して一体となっていることが重要で，それによりデータの性格を十分把握した分析が可能となることは 2.4 節で述べたが，青銅器の原料の産地に関する分析では，データの生成者

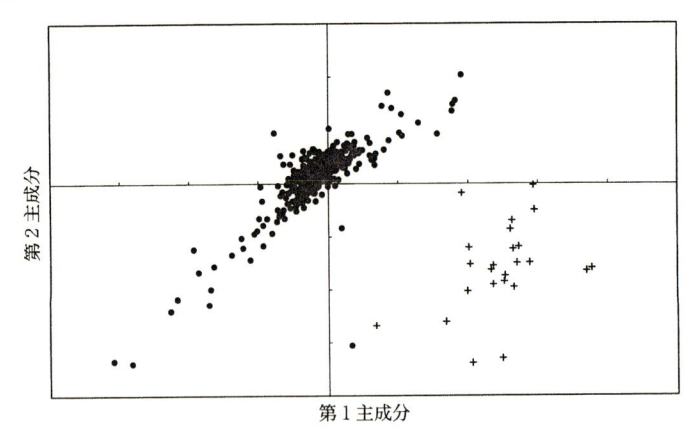

図 6.12 荒神谷の銅剣の鉛と大塚山の鏡の鉛 （●：荒神谷，＋：大塚山）

6.3 青銅器の原料の産地

と分析者が異なるため,これ以上の詳細な分析はむずかしいと考えられる.

鉛同位体比の測定誤差は Pb 207/Pb 206 は ±0.0003, Pb 208/Pb 206 は ±0.0007, Pb 206/Pb 204±0.0010 程度であることが示されている(安本,1998 b).測定精度はかなり高いと考えられる.このことから,鉛の同位体比の分析から少なくとも,銅剣や三角縁神獣鏡に使われた鉛の産地の特定が可能なようにいわれている.

しかし,心配なのは,同じ鉱山の鉛でも試料によって鉛同位体比の値にかなりバラツキがみられることである.たとえば,馬淵久夫氏のデータ(馬淵他,1987)では,同一鉱山で5個以上の試料の測定値が示されているのは,神岡栃洞(岐阜県,試料数7),細倉(宮城県,試料数5),朝鮮半島の第一蓮花慶尚北道(試料数5),第二蓮花慶尚北道(試料数5)の四つの鉱山である.これらの鉱山の鉛について,同位体比の試料間でのバラツキを調べるため標準偏差を求めてみたのが表 6.7 である.

表 6.7 鉛同位体比の試料間のバラツキ

鉱山	神岡栃洞(岐阜県)			細倉(宮城県)		
鉛同位体比	$\dfrac{Pb207}{Pb206}$	$\dfrac{Pb208}{Pb206}$	$\dfrac{Pb206}{Pb204}$	$\dfrac{Pb207}{Pb206}$	$\dfrac{Pb208}{Pb206}$	$\dfrac{Pb206}{Pb204}$
1	0.85690	2.11760	18.17900	0.84060	2.07900	18.56600
2	0.85700	2.11840	18.18500	0.84060	2.07860	18.54600
3	0.85680	2.11800	18.18300	0.84040	2.07820	18.56300
4	0.85690	2.11800	18.18100	0.84050	2.07860	18.55200
5	0.85700	2.11810	18.18000	0.84020	2.07770	18.55100
6	0.85680	2.11800	18.17700			
7	0.85690	2.11800	18.18200			
平均値	0.85690	2.11801	18.18100	0.84046	2.07842	18.55560
標準偏差	0.00008	0.00023	0.00265	0.00017	0.00049	0.00850
鉱山	第一蓮花慶尚北道			第二蓮花慶尚北道		
鉛同位体比	$\dfrac{Pb207}{Pb206}$	$\dfrac{Pb208}{Pb206}$	$\dfrac{Pb206}{Pb204}$	$\dfrac{Pb207}{Pb206}$	$\dfrac{Pb208}{Pb206}$	$\dfrac{Pb206}{Pb204}$
1	0.81720	2.02710	19.32400	0.83590	2.07770	18.85000
2	0.81230	2.01440	19.49200	0.84180	2.09380	18.66700
3	0.79310	1.96130	20.04600	0.84200	2.09290	18.65800
4	0.81180	2.01130	19.47900	0.83300	2.06350	18.89300
5	0.82950	2.06270	18.98100	0.81080	2.00670	19.50700
平均値	0.81278	2.01536	19.46440	0.83270	2.06692	18.91500
標準偏差	0.01311	0.03647	0.38491	0.01284	0.03589	0.34739

神岡栃洞（岐阜県）と細倉（宮城県）の鉛の場合はバラツキは非常に小さいが，朝鮮半島の第一蓮花慶尚北道と第二蓮花慶尚北道の場合には試料間で大きなバラツキがみられる．

したがって，銅剣や三角縁神獣鏡の原料の産地およびその伝播経路を明確にするには，他の種類の銅鏡や銅鐸，銅矛などの青銅器の鉛と，日本，中国，朝鮮半島などを含むアジア各地の鉱山の鉛同位体比のデータの比較分析，さらには古文献の記載内容の分析などを待たなければならない．

6.4 『古事記』，『日本書紀』にみる古代の天皇の姿

6.4.1 考古学，歴史学研究における文献資料分析の意義

文献資料も遺跡，遺物などの考古学的資料と同様に日本の古代に関する情報を与えてくれる．木簡なども一種の文献資料と考えられるし，また中国の文献には日本の古代についての記述があるものがある．考古学や歴史学の研究においては，出土した遺跡，遺物の研究や発掘データの計量分析に加え，文献資料の分析もまた重要である．

これまで，『古事記』，『日本書紀』をはじめとする日本の古文献の記載内容を計量的な観点から分析した研究は少ない．もし古文献に記されている諸々の伝承のなかに古代の姿が少しでも写し出されているのなら，計量分析でそれを探る意義は十分にある．

この節で紹介する研究では，古文献に記述されているがあまりに長寿なことからその信憑性に疑問が持たれている古代の天皇の年齢に関し，なぜそのような記述になったのかという疑問を解くべく，歴代の天皇の年齢の計量分析に基づき，古代の天皇の活躍時期や当時の暦に関し仮説を提出している．この計量分析の結果とそれに基づく仮説の妥当性が，発掘から得られる考古学の研究成果と照合することによって裏付けられたならば，考古学の研究における文献資料の計量分析の重要性はより一層高まると思われる．

6.4.2 古代の天皇の活躍時期

古代の姿は文字の記録があれば，それを通してみることができる．中国では紀元前5,6世紀頃から，世襲化した太史などと呼ばれる史官が，国家の公式記録を年代順に書きとめておく習慣があったという．中国の最初の歴史書といわれる，漢の太史令司馬遷の『史記』の完成は紀元前2世紀である．

6.4 『古事記』,『日本書紀』にみる古代の天皇の姿

ところで,日本の現在最古の史書とされる『古事記』,『日本書紀』の成立は,それぞれ712年,720年とされており,文字による歴史の記録は中国に比べはるかに遅く,日本の場合は8世紀の前半である.したがって,日本の7世紀以前の古代の姿は,この二つの書物を通して垣間みるしか方法がない.しかし,その姿は必ずしも明瞭ではない.

たとえば,6世紀後半の第31代用明天皇以前の諸天皇がいつ頃活躍したかについては,『古事記』,『日本書紀』に記されてはいるものの,不明瞭な点が多い.

安本美典氏は,図6.13のように用明天皇以後,大正天皇にいたる93天皇(南北朝の北朝の天皇を含む)について,時代を5~8世紀,9~12世紀,13~16世紀,17~20世紀の四つに分け,それぞれ時代に即位した天皇の平均在位年数を求めている(安本,1991).この図からわかるように平均在位年数は上代にさかのぼるにつれ短くなる.したがって,用明天皇より前の天皇の平均在位年数は,5~8世紀の天皇の平均在位年数10.77年より短くなると推測できる.そこで仮に,その平均在位年数を10年とし,用明天皇が活躍していたことが確実な586年から1代10年ずつさかのぼっていくと,

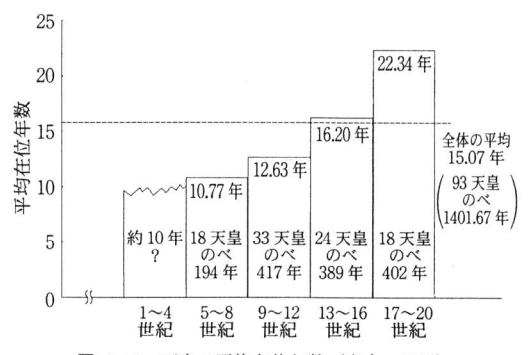

第31代	用明天皇	586年
第30代	敏達天皇	576年
第29代	欽明天皇	566年
⋮		⋮
第1代	神武天皇	286年

図 6.13 天皇の平均在位年数(安本,1998)

表 6.8 天皇の代数(x)と即位年(y)(平山, 1983)

天皇名	代(x)	即位年(y)	天皇名	代(x)	即位年(y)
用明	31	585	持統	41	686
崇峻	32	587	文武	42	697
推古	33	592	元明	43	707
舒明	34	629	元正	44	715
皇極	35	642	聖武	45	724
孝徳	36	645	孝謙	46	749
斉明	37	655	淳仁	47	758
天智	38	661	称徳	48	764
弘文	39	671	光仁	49	770
天武	40	673			

となる．したがって神武天皇の活躍時期は大体3世紀後半となると推定される．

平山朝治氏は直線回帰分析を用いて天皇の活躍時期を推定している（平山，1983）．分析に用いたのは表6.8の第31代用明天皇から第49代の光仁天皇までの19天皇のデータである．直線回帰分析（3.2.2項参照）で天皇の即位年 y と天皇の「代」の x の関係を求めると

$$y = 265.72 + 10.34x$$

となる．この式から第1代神武天皇の即位年を求めると，$x=1$ より $y=276.06$ となる．この即位年の推定値は安本美典氏の神武天皇の活躍時期の推定値と比べ10年ほど早くなっているが，大きな違いはない．直線回帰分析で推定しても神武天皇の活躍時期はやはり3世紀後半となる．

ちなみに『日本書紀』によると，神武天皇の即位年は紀元前660年である．

6.4.3　古代天皇長寿説と暦

古代の天皇の活躍時期と密接に関係する古代の天皇の寿命についても，安本氏は計量分析を試みている．表6.9に示すように，『古事記』，『日本書紀』によると古代の天皇は非常に長寿である．『古事記』では，第1代神武天皇は137歳，第6代孝安天皇は123歳，第7代孝霊天皇は106歳というように，第21代の雄略天皇までに，100歳以上の長寿の天皇は8天皇を数える．

しかし，安本氏は実際には古代の諸天皇が表6.9のように長寿であったわけではなく，次に述べるような分析から「本当のお年の二倍に成っている可能性

6.4 『古事記』,『日本書紀』にみる古代の天皇の姿

表 6.9 古代の天皇のお年（安本, 1998a）

代	天皇名	お年 古事記	お年 日本書紀	代	天皇名	お年 古事記	お年 日本書紀
1	神武	137	127	18	反正	60	(59)
2	綏靖	45	84	19	允恭	78	(81)
3	安寧	49	57	20	安康	56	(56)
4	懿徳	45	77	21	雄略	124	62
5	孝昭	93	113	22	清寧	—	(41)
6	孝安	123	137	23	顕宗	38	(48)
7	孝霊	106	128	24	仁賢	—	(50)
8	孝元	57	116	25	武烈	—	(18)
9	開化	63	111	26	継体	43	82
10	崇神	168	120	27	安閑	—	70
11	垂仁	153	140	28	宣化	—	73
12	景行	137	106	29	欽明	—	(63)
13	成務	95	107	30	敏達	—	(48)
14	仲哀	52	52	31	用明	—	(69)
15	応神	130	110	32	崇峻	—	(73)
16	仁徳	83	(110)	33	推古	—	75
17	履中	64	70				

が大きい」としている（安本, 1998a）.

まず，天皇が亡くなったときの年齢であるが，『古事記』に記されている年齢を y，実際にその天皇が亡くなったときの年齢を x としたときに，y と x との関係は次の式

$$y = a + bx$$

で表されると仮定する（6.4.2項と同じ直線の式 $y = a + bx$ を用いているが，x, y で表したものは異なる）．そしてこの式の定数 a と b を，歴代の天皇の亡くなったときの年齢のデータから推定することで，次のようにして『古事記』の記述内容の妥当性を検討している．

もし，推定された値が $a = 0$，$b = 1$ となったならば，y と x との関係は

$$y = x$$

となるので，この場合には『古事記』に記載されている天皇の亡くなったときの年齢と実際の亡くなったときの年齢は一致することになる．つまりこの場合には，『古事記』の記述は正しいということになる．

さて，実際のデータから定数 a と b を推定してみる．まず『古事記』に記されている天皇の年齢 y の標準偏差を求める．そのために第1代神武天皇から第123代昭和天皇の寿命データを，亡くなったときの年齢が歴史的な事実と考えられる第31代用明天皇から第123代昭和天皇までのグループと，亡くなったときの年齢が不明確な第1代神武天皇から第21代雄略天皇までのグループとに2分割する．というのは，第22代清寧天皇から第30代敏達天皇までの9人の天皇のうち7人までは，『古事記』には亡くなった年齢が記されておらず，そのため，第22代から第30代までの天皇のデータは分析に用いてはいないからである．

第1代神武天皇から第123代昭和天皇までの天皇が亡くなられたときの本当の年齢 x の標準偏差 S は，第30代までの天皇の年齢が不明であったり，疑問が持たれているため正確には求まらないが，第31代用明天皇以降の天皇が亡くなったときの年齢の標準偏差20.55にほぼ等しいとする．つまり，$S=20.55$ とする．

さて理論的には y と x の間に $y=a+bx$ なる関係が成立しているならば，x を b 倍して a を足した値 $(a+bx)$ の標準偏差は S の b 倍となる．つまり

$$(y\text{の標準偏差}) = (x\text{の標準偏差}) \times b \qquad (6.3)$$

となる．

ところで表6.9に示した『古事記』記載の第1代神武天皇から第21代雄略天皇までの年齢 y の標準偏差は38.10である．第31代用明天皇以降の年齢 x の標準偏差は20.55であるので，式(6.3)は

$$38.10 = 20.55 \times b$$

となる．したがって，この式から定数 b の値は

$$b = 1.85$$

となるが，安本氏は「b の値はよほど複雑な事情がない限り，整数であると考えてよい」として，$b=2$ とする．

次に a の値を推定するわけであるが，

$$y = a + bx$$

が成立するとき，y の平均値を $\bar{y}$，x の平均値を $\bar{x}$ とすると

$$\bar{y} = a + b\bar{x}$$

が成立する．したがって $a=\bar{y}-b\bar{x}$ となるので，表6.9で求めた第21代までの天皇の年齢の平均値 $\bar{y}=91.33$ と，第31代から第123代までの年齢の平均値 $\bar{y}=48.01$ は，天皇の真の年齢の平均値に等しい．すなわち $\bar{x}=48.01$ とし，さらに先ほど推定した値 $b=2$ をこの式に代入すると，a の値として

$$a=\bar{y}-b\bar{x}=91.33-2\times 48.01=-4.69$$

を得る．a の値に関して安本氏は「データの精度を考えるとこの値はゼロとみなしてよい」としている．そうすると，y と x の関係は $a=0$，$b=2$ より

$$y=2x$$

となる．もしこの関係が正しいなら，x（天皇が亡くなったときの真の年齢）を2倍した数が y（『古事記』に記されている天皇が亡くなったときの年齢）に等しいということになる．

このような分析から安本氏は「『古事記』に記されている第1代神武天皇から第21代雄略天皇までの亡くなった時の年齢 y は，亡くなったときの本当の年齢 x の2倍になっている可能性が大きい」と考える．

そして，2倍になった理由であるが，『古事記』に亡くなった日が記されている天皇の場合をみると，それがいずれも月の15日以内となっていることから，半月をもって1か月と数えていたのではないかと推定し，以下のように述べている．

「今日の「暦」ということばは，「日読み」からきている．『古事記』神話に，月読命などの名があらわれるところからみれば，月の満ちかけによって日をはかることは，かなり古くから行われていたのではないかと思われる．

月の満ち欠けの周期は29.5日である．この朔望月を，前後半にわけることは，月を観測するかぎり，すぐ思いつく自然な考え方だろう．つまり，白む15日と，黒む15日とである．

....

『古事記』には，第1代神武天皇から，第21代雄略天皇までの21代の天皇のお年は，すべて記されている．

ところが，第22代清寧天皇から，第33代推古天皇までの12人の天皇では，顕宗天皇と継体天皇の2人のお年が記されているにすぎない．

時代の古い天皇のお年が記されているのに，なぜ，時代の新らしい天皇のお

年が記されていないのであろうか.

考えられるのは,つぎのようなことである.

清寧天皇から推古天皇までのあいだに,なんらかの形で,大陸から暦がつたわりはじめたのだろう.そして,わが国に,古来から,月の満ちかけによって月日の経過を知る素朴な方法があったとすれば,大陸から伝来の暦法は,若干の混乱をもたらしたであろう.

尺貫法とメートル法が,ついさきごろまで並存したように,古来の暦法もまた,月の満ちかけにもとづく太陰暦(正しくは太陰太陽暦)であった.尺貫法とメートル法の並存より混乱は大きかったかもしれない.

『古事記』に,清寧天皇から推古天皇までの天皇のお年が,ほとんど記されていないのは,このような混乱のために,天皇のお年をはっきりと記すことが,むずかしかったためではないだろうか.

神武天皇から,雄略天皇までのお年は,古来の暦法によるいいつたえのお年が,そのまま記されたのだろう.」(安本,1998 a)

また,第21代雄略天皇の亡くなったときの年齢は,『日本書紀』では62歳となっているが『古事記』では124歳と2倍になっていること,第26代継体天皇の場合は,『古事記』では43歳であるが『日本書紀』では82歳とほぼ2倍となっているのも,このような混乱があったことを支持しているとしている.

コラム 6: 邪馬台国を探る方法

中国の晋の時代の陳寿（223～297）がえらんだ『三国志』のひとつである『魏志』の（巻30）「東夷伝・倭人の条」（以下『魏志倭人伝』と表記する）には，女王卑弥呼の治める邪馬台国の風土・風俗・位置などが記されている．しかし，位置に関する記述は不正確で，そのため，諸説紛々としており，いまだに邪馬台国の所在地は不明である．

ところで，邪馬台国の所在地に関するこれまでの研究の多くは，位置に関する不正確な記述をどのように解釈すべきかという記述内容の検討という視点からなされてきた．しかし，遺跡や遺物の計量分析の観点からの研究もないわけではない．

『魏志倭人伝』には，238年に卑弥呼が魏の皇帝から銅鏡100枚を贈られたとある．そこで魏の皇帝から贈られた鏡が「三角縁神獣鏡」であるとし，その出土分布から邪馬台国の所在地を特定しようという研究などがその一例である．ただし「三角縁神獣鏡」の場合には，すでに日本で500面以上出土していること，その一方中国から1面も出土していないという問題があるため，所在地の特定に用いる情報としては不適切という指摘がある．

『邪馬台国』77号（2002）は，『魏志倭人伝』の中で当時の人々が用いたと記されている，鉄の鏃（やじり），鉄刀・鉄剣・鉄矛・鉄戈，刀子（とうす），絹，他の鏡などの出土分布の情報を分析すべきであると主張している．もっともなことであり，邪馬台国研究においても，今後このような計量的な視点からの研究がますます重要になると思われる．

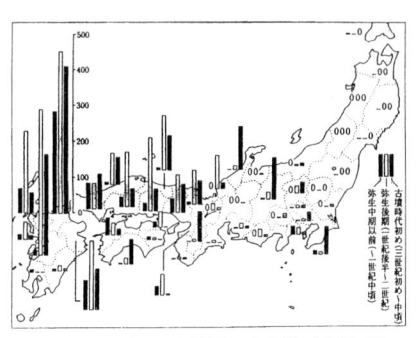

図 6.14　県別にみた鉄器の出土数（寺沢 薫，『邪馬台国』77号，2002）

図 6.15　位至三公鏡（『邪馬台国』77号，2002）

参考文献

第1章

伊藤瑞叡・村上征勝 (1992), 三大秘法稟承事の計量文献学的新研究, 大崎学報, **148**, 1-52.

上田英代・村上征勝・藤田真理 (1998), 源氏物語の会話文と地の文をめぐる数量分析―助動詞を中心に―, 計量国語学, **21-5**, 193-205.

及川昭文・斉藤 雅・洪 政国 (1998), 講座人文科学研究のための情報処理, 第1巻 入門編, 尚学社.

小沢一雅 (1988), 講座人文科学研究のための情報処理, 第2巻 データベース編, 尚学社.

統計数理研究所国民性国際調査委員会 (1998), 国民性七か国比較, 出光書店.

統計数理研究所国民性国際調査委員会 (2000), 統計的日本人研究の半世紀, 統計数理研究所.

林 知己夫 (1993), 数量化―理論と方法―, 朝倉書店.

林 知己夫 (2001), データの科学, 朝倉書店.

村上征勝・伊藤瑞叡 (1991), 日蓮遺文の数理的研究, 東洋の思想と宗教, **8**, 27-35.

村上征勝・今西祐一郎 (1999), 源氏物語の助動詞の計量分析, 情報処理学会論文誌, **40-3**, 774-782.

村上征勝・金 明哲 (1988), 講座人文科学研究のための情報処理, 第5巻 数量的分析編, 尚学社.

村上征勝・埴原和郎・早川聞多・山田奨治 (2001), 浮世絵の統計分析, 第69回日本統計学会講演報告集, 231-232.

村上征勝 (2000), 文章の計量分析―その歴史と現状―, 計測と制御, **39-3**, 216-222.

安永尚志 (1988), 講座人文科学研究のための情報処理, 第3巻 テキスト処理編, 尚学社.

山田奨治・早川聞多・村上征勝・埴原和郎 (2002), 浮世絵における顔表現の科学, 日本研究, **25**, 13-49.

八村広三郎 (1988), 講座人文科学研究のための情報処理, 第4巻 イメージ処理編, 尚学社.

吉野諒三 (2001), 心を測る, 朝倉書店.

第2章

三枝充悳 (1990), 仏教入門, 岩波書店.

統計数理研究所 村上研究室編 (2000), 源氏物語本文研究データベース, 勉誠出版.

林 知己夫 (2001), データの科学, 朝倉書店.

吉田裕之, 村上征勝, 和久幹夫 (2001), 人文領域におけるデータベース作成と分析上の問題点, 日本行動計量学会第29回大会発表論文妙録集, pp. 76-77.

第3章

Chernoff, H. (1971), The use of faces to represent points in n-dimensional space graphically, *Technical Report*, **71**, Department of Statistics, Stanford University.

J. A. ハーティガン著, 西田春彦他訳 (1983), クラスター分析, マイクロソフトウェア.

M. R. アンダーハーグ著, 西田英郎監訳 (1988), クラスター分析とその応用, 内田老鶴圃.

ホーエル, P. G./浅井 晃・村上正康訳 (1987), 初等統計学 第4版, 培風館.

大野高裕 (1998), 多変量解析入門, 同友館.

小林龍一 (1981), 数量化理論, 日科技連出版社.

佐和隆光 (1985), 初等統計解析 改訂版, 新曜社.

村上征勝 (1985), 工業統計学, 朝倉書店.

第4章

Brinegar, C. S. (1963), Mark Twain and the Quintus Curtius Snodgrass Letters: Astastical test of authorship, *J. Amer. Stat. Ass.*, **58**, 85-96.

De Morgan, S.E. (1882), *Memoir of Augustus de Morgan by His Wife Sophia Elizabeth de Morgan with Selection From his Letters*. Longman, Green & Co..

Ellegård, A.A. (1962), A stastical method for determining authorship: the Junius Letter, 1769-1772. Gothenburg studies in English, *Acta Universitatis Gothoburgensis*, **13**.

Kjetsaa, G., *et al*. (1984), *The Authorship of the Quiet Don*, Humanities Press.

Mendenhall, T.C. (1901), A mechanical solution of a literary problem. *Popular Science Monthly*, **60**-2, 97-105.

Morton, A.Q. (1965), The authorship of Greek Prose, *J. Royal Stat. Soc.*, A-**128**, 169-233.

Mosteller, F. and Wallace, D.L. (1963), Inference in an authorship problem; A comparative study of discrimination method applied to the authorshipof the disputed Federalist papers, *J. Amer. Stat. Ass.*, **58**, 275-309.

Wake, W.C. (1957), Sentence-length distribution of Greek authors, *J. Royal Stat. Soc.*, **A-120**, 331-346.

Yule, G.U. (1938), On sentence-length as a stastical characteristic of style in prose; with application to two cases of disputed authorship, *Biometrika*, **30**, 363-390.

ギロー, P./佐藤信夫訳 (1959), 文体論, 白水社.

「川端文体と終戦は関係し, 読点のつけ方『雪国』から『山の音』で激変」, 朝日新聞2001年4月21日夕刊.

上田英代・村上征勝・今西祐一郎・樺島忠夫・上田裕一 (1994), 源氏物語語彙用例総索引―自立語篇―, 勉誠社.

上田英代・村上征勝・今西祐一郎・樺島忠夫・藤田真理・上田裕一 (1996), 源氏物語語彙用例総索引―付属語篇―, 勉誠社.

梅原 猛 (1985), 神々の流竄, 集英社文庫.

NHK歴史発見取材班 (1993), NHK歴史発見9, 角川書店.

武田宗俊 (1954), 源氏物語の研究, 岩波書店.

谷 譲次 (1969), 一人三人全集, テキサス無宿, 河出書房新社.

林 不忘 (1970), 一人三人全集, 丹下左膳, 河出書房新社.

藤本 熙・村上征勝・伊藤瑞叡・春日正三 (1981), 統計的決定理論の立場からの文献学的判

別問題に関する研究—日蓮の三大秘法禀承事の真偽判別解析—，文部省科学研究費一般研究報告.
牧　逸馬 (1970), 一人三人全集, 七時〇三分, 河出書房新社.
村上征勝 (1990), 統計的手法による日蓮遺文の文体研究, 第2回「国文学とコンピュータ」シンポジウム講演集, 83-102.
村上征勝 (1994), 真贋の科学—計量文献学入門—, 朝倉書店.
村上征勝・古瀬順一 (2001), 川端作品の文章の計量分析, 日本行動計量学会第29回大会発表論文抄録集, 306-307.
安本美典 (1957), 宇治十帖の作者—文章心理学による作者推定—, 文学・語学4月号.
矢野　環 (1999), 君台観左右帳記の総合研究—茶華香の原点・江戸初期柳営御物の決定—, 勉誠出版.

第5章
小林光夫 (1999), 絵画における色彩美の数理的分析の研究, 東京大学大学院工学系研究科.
鈴木恒男 (2000), 色彩と情報—心理学的立場から—, *ESTRRELA*, **81**.
山田奨治 (2000), 文化資料と画像処理, 勉誠出版.
山田奨治・早川聞多・村上征勝・埴原和郎 (2002), 浮世絵における顔表現の科学, 日本研究, **25**, 13-49.

第6章
Murakami, M., Mori, I. and Iwamoto, W. (1997), Statistical Analysis concerning the Construction Era of Main Hall of Buddhist Ancient Temple in Japan, *The Sixth China-Japan Symposium onStatistics, Contributed Papers*, pp. 152-155.
新井　宏 (1999), 鉛同位体比による青銅器鉛原産地の再検討, 日本情報考古学会第8回大会発表要旨, pp. 84-98.
石原道博編訳 (1993), 新訂 魏志倭人伝・後漢書倭伝・宋書倭国伝・隋書倭国伝, 岩波文庫.
貝塚茂樹編 (2000), 中国文明の歴史2, 春秋戦国, 中公文庫.
堅田　直 (1996), 情報考古学—パソコンが描く古代の姿—, ジャストシステム.
堅田　直 (2002), いにしえの世界を探る科学技術 総論—21世紀を迎えた情報考古学—, 電子情報通信学会誌, **85-3**.
斎藤　努・馬淵久夫 (1993), 鉛同位体比による青銅の産地推定 (国立歴史民俗博物館編, 科学の目でみる文化財, pp. 207-221).
西　和夫 (1980), 工匠たちの知恵と工夫—建築技術史の散歩みち—, 新国社
奈良六大寺大観刊行会編 (1970), 奈良六大寺大観第9巻, 東大寺1, 岩波書店
平山朝治 (1983), 女王卑弥呼の時代—最小二乗法による推定—, 季刊邪馬台国, **16**, 190-197.
馬淵久夫・江本義理・門倉武夫・平尾良光・青木繁夫・三輪嘉六 (1997), 島根県荒神谷遺跡出土銅剣・銅鐸・銅矛の化学的調査—非破壊分析と鉛同位体比測定—, 邪馬台国, **62**, 204-223 (保存科学, **30** (1991) より転載).
馬淵久夫・平尾良光 (1987), 東アジア鉛鉱石の鉛同位体比, 考古学雑誌, **73-2**.
村上征勝 (1996) 発掘データの再発掘を—統計分析の勧め—, 人文学と情報処理, **11**, 17-

20.
村上征勝（1999），6世紀〜8世紀建立の寺院の金堂の平面形状に関する計量分析，情報考古学，**4-2**，15-22.

森 郁夫（1992），古代寺院伽藍配置の多変量解析，統計数理研究所共同研究リポート，**38**，考古学における計量分析―計量考古学への道（II）―，100-105.

森 郁夫（1993a），古代寺院伽藍配置の分析，第6回考古学におけるパーソナルコンピュータ利用の現状，帝塚山考古学研究所，pp. 93-96.

森 郁夫（1993b），古代寺院伽藍配置の多変量解析（III），統計数理研究所共同研究リポート，**46**，考古学における計量分析―計量考古学への道（III）―，52-57.

安本美典（1991），巨大古墳の主がわかった！，JICC出版局.

安本美典（1998a），邪馬台国への道，梓書院.

安本美典（1998b），三角縁神獣鏡は卑弥呼の鏡か―黒塚古墳と邪馬台国の真実―，廣済堂.

山崎一雄・室住正世（1976），鉛の同位体比による産地分析の試み―本邦出土の青銅器ならびに古銭について―，考古学と自然科学，**9**，53-58.

索　引

ア　行

意識の国際比較調査　4
イスタンブール　8
遺跡に関する計量分析　106
井上 靖　51
遺物に関する計量分析　106
色分布　98

ウェイク　48
ウォード法　44
浮世絵　6, 86, 103
宇治十帖　24, 27, 49, 62, 64
歌川国芳　87
歌川豊国　87

エレガード　48

黄金比　117

カ　行

回帰係数　28
回帰直線　27
顔型グラフ　19
顔の計測位置　87
角度情報　87
葛飾北斎　87
カテゴリー　35
カラヴァッジョ　98
cultual link analysis　5, 8
川端康成　56
間隔尺度のデータ　10
観測変数　20

魏志　121
基線の設定　89
喜多川歌麿　87
基壇　108
旧約聖書　47
Q. C. S. レター　48
共分散　33
寄与率　34
キリストにならいて　47

区間　25
区間推定　25
区間推定法　27, 111
クラスター間の距離　40
クラスターの重心　43
クラスターの代表点　41
クラスター分析　39, 52, 54, 78, 92, 94, 99
グループ　39
君台観左右帳記　49
群平均法　43

渓斎英泉　87
形態美　85
KWIC　14
計量的手法　25
計量的文化研究　2, 9
計量文献学　46
桁行方向　108
欠測値　91
源氏物語　5, 13, 21-29, 45, 49, 59
　　　──の作者複数説　60
　　　──の成立順序の推定

68
現代文の計量分析　50

考古学データ　104
荒神谷遺跡　119
国分寺　107
国民性調査　4
古事記　126
個数　21
古代天皇長寿説　128
言葉に関する情報　76
固有値　33, 37
固有値問題　33
固有ベクトル　33
固有方程式　37
金堂の建立年代　106
金堂の平面形状　106
コンピュータ　4

サ　行

最小分散法　44
最短距離法　43
最長距離法　43
三角縁神獣鏡　119, 121
三大秘法稟承事　5, 49, 79

シェイクスピア＝ベーコン説　47
市街地距離　42
色彩　97
色彩美　85, 97
静かなドン　48, 84
質的データ　10, 35
重心法　43

索　引

従属変数　28
主成分　30
主成分分析　30, 53, 92, 93, 108, 119, 123
ジュニアス・レター　26, 48
順序尺度のデータ　9
助動詞の出現率　68
真贋判定　75
新約聖書　48

数量化III類　35, 57, 58, 69
数量化理論　4
数量的特徴　19
図形認識装置　4
鈴木春信　87

正規分布　26, 112
正規方程式　29
青銅器　118
説明変数　28
前方後円墳　30

相関行列　34
相関係数　24, 37
相対度数　21
総度数　21
測定項目　12

タ　行

第1主成分　31
第7書簡　48
第2主成分　31
大弐の三位　60
たがいに独立な合成変数　30
縦基線　87
谷崎潤一郎　51
谷　譲次　50
多変量データ　4

チェビシェフの不等式　25
長秋記　116
直線回帰分析　27, 128

直線関係　28

椿井大塚山古墳　119, 124

t 値　65
定性的データ　10
定量的データ　10
データ　1, 9
　　——の性格　13
　　——の生成　11
　　——の総数　21
　　——の代表値　21
データ分析　16
データベース　15
データマイニング　12
伝書　49
デンドログラム　41, 53, 78, 80, 94, 99
天皇の活躍時期　126
天皇の年齢　126

銅剣　119
読点の付け方　51
独立変数　28
度数　21
ド・モルガン　47
鳥居清長　87

ナ　行

中島　敦　51
鉛の同位体比　118

西川祐信　87
日蓮　5, 19, 25, 49, 75
日蓮遺文　75
日本語文献データベース　18
日本書紀　126

ハ　行

埴原の方法　87
パウロの書簡　48
パターン認識　103

発掘データ　117
林　不忘　50
バラツキ　23
梁間方向　108
反応パターン　36

ピエール・ギロー　50
菱川師宣　86
美術　85
被説明変数　28
標準化平方ユークリッド距離　42
標準化ユークリッド距離　42
標準偏差　23, 112, 125, 130
比率　21
比例尺度のデータ　10

副基線　87
藤原賢子　60
ブリネガー　48
文化　1
文化連鎖分析法　5, 8
文献資料に関する計量分析　106
文献資料分析　126
分散　23
分散共分散行列　33
分析結果の視覚化　19
文体に関する情報　76
文体の特徴　51
文の構造に関する情報　76

平均在位年数　127
平均出現率　65
平均値　21, 112
平方ユークリッド距離　42, 78

マ　行

牧　逸馬　50
マハラノビスの距離　43
マルク　98

三島由起夫　51
ミンコフスキーの距離　43

紫式部　49, 59

名義尺度のデータ　9
メンデンフォール　47

目的変数　28
文字認識装置　4
モステラー　48
本居宣長　64

モートン　48

ヤ 行

薬師寺　107
邪馬台国　122, 133

ユークリッド距離　40, 42
ユトリロ　98
ユール　47

横基線　87

ラ 行

量的データ　10

累積寄与率　34

連邦主義者　48

ワ 行

分から書き　22
割合　21
ワルラス　48

著 者 略 歴

村上 征勝(むら かみ まさ かつ)

1945年　中国南京に生まれる
1974年　北海道大学大学院工学研究科博士課程修了
現　在　同志社大学文化情報学部教授
　　　　工学博士

シリーズ〈データの科学〉5
文 化 を 計 る
文化計量学序説──

定価はカバーに表示

2002年12月 1 日　初版第 1 刷
2019年 5 月25日　　　 第11刷

著　者　村　上　征　勝
発行者　朝　倉　誠　造
発行所　株式会社　朝 倉 書 店

東京都新宿区新小川町6-29
郵便番号　162-8707
電　話　03(3260)0141
Ｆ Ａ Ｘ　03(3260)0180
http://www.asakura.co.jp

〈検印省略〉

© 2002〈無断複写・転載を禁ず〉

中央印刷・渡辺製本

ISBN 978-4-254-12729-4　C 3341　　　Printed in Japan

JCOPY　〈出版者著作権管理機構　委託出版物〉

本書の無断複写は著作権法上での例外を除き禁じられています．複写される場合は，そのつど事前に，出版者著作権管理機構（電話 03-5244-5088, FAX 03-5244-5089, e-mail: info@jcopy.or.jp）の許諾を得てください．

好評の事典・辞典・ハンドブック

数学オリンピック事典	野口 廣 監修	B5判 864頁
コンピュータ代数ハンドブック	山本 慎ほか 訳	A5判 1040頁
和算の事典	山司勝則ほか 編	A5判 544頁
朝倉 数学ハンドブック［基礎編］	飯高 茂ほか 編	A5判 816頁
数学定数事典	一松 信 監訳	A5判 608頁
素数全書	和田秀男 監訳	A5判 640頁
数論<未解決問題>の事典	金光 滋 訳	A5判 448頁
数理統計学ハンドブック	豊田秀樹 監訳	A5判 784頁
統計データ科学事典	杉山高一ほか 編	B5判 788頁
統計分布ハンドブック（増補版）	蓑谷千凰彦 著	A5判 864頁
複雑系の事典	複雑系の事典編集委員会 編	A5判 448頁
医学統計学ハンドブック	宮原英夫ほか 編	A5判 720頁
応用数理計画ハンドブック	久保幹雄ほか 編	A5判 1376頁
医学統計学の事典	丹後俊郎ほか 編	A5判 472頁
現代物理数学ハンドブック	新井朝雄 著	A5判 736頁
図説ウェーブレット変換ハンドブック	新 誠一ほか 監訳	A5判 408頁
生産管理の事典	圓川隆夫ほか 編	B5判 752頁
サプライ・チェイン最適化ハンドブック	久保幹雄 著	B5判 520頁
計量経済学ハンドブック	蓑谷千凰彦ほか 編	A5判 1048頁
金融工学事典	木島正明ほか 編	A5判 1028頁
応用計量経済学ハンドブック	蓑谷千凰彦ほか 編	A5判 672頁

価格・概要等は小社ホームページをご覧ください.